「営業」は必ず君の武器になる

高城幸司

はじめに

さて、恐らくあなたは、次のような辞令を受け取ったのではないかと思います。

> 辞令　○○殿
> 右のものは4月1日より、営業部△課への配属を命ず
> 人事部

そんなあなたにまずお贈りしたいのが、次の言葉です。

初めて営業をするのだとしたら「出会いに感謝してください」。
もし、営業に異動するのだとしたら「自分を変えるチャンスです」。

と言っても、中には、「そんな白々しいことは聞きたくないよ」という人もいるかもしれませんね。実際に私もそうでしたから。期待、希望の反面、不安や失望、ちょっとしたガッカリ感など、様々な感情が混ざった心境があるかと思います。

本書が目指しているのは、営業の仕事に「働きがい」を見出してもらうことです。

働きがいとは「仕事をするだけの価値と、それに伴う気持ちの張り」のこと。つまり、「仕事にはツラさ、しんどさがあって当たり前。ただし、それを超える働きがいが見出せるなら素敵な職業」なのです。

さて、そんな意味で営業は働きがいがあふれた職業です。働きがいというものは、それを見出す努力をしてこそ出会えるものです。でも、それに気づいていない人が大半ではないでしょうか？

私はかつてリクルートで営業として数多くの売上新記録をつくり、最優秀営業（いわゆるトップセールス）を6期連続で受賞しました。その自信と実績を胸に、現在は人事コンサルティング会社を経営していますが、じつは最初に営業に配属された時には絶望感に支配され、すぐに転職を考えました。

しかし、あるできる先輩の行動を見て真似をするようにしたところ、日々の仕事は「学べる」「挑戦できる」機会にあふれていることに気づき、「こんなにも働きがいのある仕事はない！」とまで言い切れるようになりました。

そんなかつての自分自身のように、苦しんだり悩んだり、営業の仕事に不安を持ったりしているみなさんに向けて、43の仕事のコツを紹介していきます。

ところが世間では、営業の「働きがい」に気づいていないビジネスパーソンがたくさんいるようです。日々の業務に忙殺されて気づかないのでしょうか？　あるいは「そんなに魅力的な職業ではない」と決めつけてしまっているからでしょうか？いずれにせよ、それはあまりにもったいないことです。

そこで本書では、その働きがいに気づいていただく「初めの一歩」を提供したいと考えました。この本は、営業に配属されたあなた、中でも「自分が営業をやる」ということに１００％手放しで喜べないあなたに、営業として過ごす時間を、楽しく、有意義なものにしてほしいという思いから書いたものです。

じつはこの本は、２０１２年に出版された『入社１年目を「営業」から始める君へ』の新装改訂版です。なぜあらためて今、『「営業」は必ず君の武器になる』というタイトルで本を出すのか、それには理由があります。

私は日々、たくさんの営業の後輩達の仕事ぶりを見ていますが、最近、特に多く寄せられるのが、相も変わらず「自信がない……」「本当は別の部署に行きたかったのに……」という、気持ちの面からくる悩みです。そこで、そんな後輩達に対して、営業を経験すれば、「最後には自分の人生にとって大きな『武器』になるのだ」ということを、あらためて強く伝えたいと思ったからです。

実は私は、若手営業として悩みや葛藤を抱えていた時に、ある手紙で救われたことがあります。その手紙は1冊の書籍に書かれたもので、『ビジネスマンの父より息子への30通の手紙』（キングスレイ・ウォード著　城山三郎訳　新潮社）です。

これは、ビジネスマンとして成功を収めた著者が、同じ道を目指す息子へ宛てて書いた手紙をまとめたものです。全部で30通ある手紙は、試験、実社会への出発、企業での人間関係、部下とのコミュニケーション、友情、結婚など、ビジネスマンが人生で遭遇するあらゆる場面に言及しています。自分が著者の息子になった気持ちで1通ずつ読んだのを懐かしく覚えています。

この本は、そんな自分を支えてくれた手紙のような力をみなさんに感じてほしいという思いからできたものですが、20年を超えた営業としてのキャリアを振り返り、「営業として働くことは自分を成長させてくれる武器になる」と感じていただけることを願って書かせていただきました。

この1冊が、あなたにとって営業として生きる力の糧になることを願っております。

2018年9月

高城幸司

PART-2

「話がヘタ」な人ほど結果が出る不思議
お客様との関係のつくり方

PART-3

落ち込んだ後に「最高の瞬間」が待っている

営業が楽しくなるヒント

PART-4

枠を外して「自分だけ」のスタイルをつくろう
自分次第で仕事は大きく変わる

PART-5
一歩抜き出る人の「会社」との付き合い方
上司や同僚を上手に味方につける

PART-6

自分の将来をどうつくるか
営業の経験は、必ず君を助ける

カバーデザイン　小口翔平＋永井里実（tobufune）
本文デザイン　浅井寛子
ＤＴＰ　一企画

PART-1

本当は「営業」に
なりたくなかった君へ

Question

「本当は営業になりたくなかった……」

Answer

営業にも、楽しく仕事をする人とイヤイヤ仕事をする人の２種類がいる

「営業部に任ず」などという辞令が出されたら、あなたはどう感じるでしょうか？

内心、「本当は宣伝部に行きたかったな」「まあ、最初はそんなものだろうな」という気持ちの方が大半ではないでしょうか？

じつは私もがっかりした1人です。入社式の前日、大学の1つ後輩の仲間と居酒屋で飲みながら、「俺は海外旅行が好きだから、その関連の雑誌編集部を希望してみた。果たして希望は通るだろうか」と話し、ドキドキしていました。

そして配属先が決まる日。「高城幸司君は前に」と呼ばれて当時の経営者から渡された辞令には……

「情報ネットワーク事業部　営業担当に任ずる」

こう書かれていました。あの時のガッカリ感はリアルに覚えています。

さて、約600種の職業を紹介してミリオンセラーとなった『13歳のハローワーク』（村上龍著　幻冬舎）という本があります。学校で教材として採用されるなど大きな話題となりましたが、この本では、様々な職業を「○○が好き」という好奇心に応じて探せるように分類されており、自分の好きな分野のページを開くと関連する職業が紹介されています。速記者や探偵、和菓子職人など、仕事ぶりの知られていない職業についても触れられており、職業観を広げることができることでも話題となりました。

著者である村上龍氏はこう語っています。

「この世の中には2種類の人間・大人しかいないと思います」

その続きは「金持ちと貧乏人」でも「悪い人といい人」でも「利口とバカ」でもなくて、「活き活きと充実感を得ながら仕事をやっている人と、そうではない人の2種類」とのこと。想定している読者である子供に対して、好きな職業を見つけて充実した人生を歩んで欲しいとの願いを込めて分類をしたのでしょう。

ただ、別の捉え方をすれば、みんながみんな好きな仕事につけるわけじゃない、みんなが嫌がる仕事をやっている人もいるし、残念ながら、仕事に魅力が乏しい、意欲の高まらない職業もある。そんな職業についたら仕方ないから我慢しなさい。どうしても嫌なら転職しなさい……とも読むことができます。

そんな『13歳のハローワーク』に、営業職はどのように扱われているか？　残念ながら、魅力的な職業として登場しているとは言い切れません。「経済・商売に関心がある」というカテゴリーに分類され、仕事内容が紹介されていますが、13歳で「商売が好き」という子供も、そう多いわけではないように思います。

日本では、約500万人が営業の仕事に従事しています。数ある職業でも人口数はトップクラスです。

ところが、2009年の産業能率大学の調査によると、約半数が「続けたくない」と回答。その理由を尋ねると、「不景気で売れない」「利益達成のノルマが厳しい」などと、ノルマ（売上目標）や競争に対するストレスが挙げられています。

つまり約250万人のビジネスパーソンが、日々「営業をやめたい」とネガティブな職業観を持ちつつ仕事をしているのです。

最初からこんな話をすると、「自分もやめようかな」と考えてしまうかもしれませんね（笑）。でも視点を変えてみれば、**残りの250万人は、「続ける」意志を持っ**

ているわけです。その中には、営業という仕事に大いなる魅力を感じて日々の仕事に邁進している人がたくさんいます。

「営業はツライこともありますが、同じくらいに働きがいを感じる仕事です」

実際に自動車ディーラーの営業をしている江本さん（25歳。仮名）は、こう話していました。売上目標に追われて大変だが、達成した時の爽快感はたまらない。上司は売上数字を達成させるために厳しい要求をしてくるが、成果が出ると褒めてくれるとも。

つまり、キツイ・ツライと相反する魅力もあると感じているようです。

この江本さんのように、「ツライけど、働きがいを感じる派」は、営業職には少なくありません。営業職でイキイキと頑張っている人の声に耳を傾けてください。

そこには、あなたが自分の仕事（＝営業）に対して働きがい、魅力を再認識できるキーワードが満載だと思います。

Point

500万人の営業担当者のうち、約半数は続ける意志を持っている。楽しく仕事をしている人に話を聞こう

Question

営業の仕事は将来役に立ちますか？

Answer

「営業」は必ず君の武器になる

ここでみなさんに知って欲しい事実があります。**これからの時代、営業的なスキルを持つことが、誰でも避けられない時代になってきます。**

「えっ、弁護士には、営業スキルは不要でしょ？」

「総務部一筋20年。営業とは縁がないと決めつけていますけど」

いえいえ、そんなことはありません。医者、弁護士でも「自分を売り込む」営業力が必須です。会社でも、営業をはじめ、複数の仕事を経験させる人事異動がトレンド傾向なのです。

これまでと違い、日本経済は低成長時代になりました。つまり、高度経済成長の頃のように仕事があふれているわけではないのです。誰もが仕事を取り合っているため、専門家でも営業活動をしないとお客様（顧問先）が取れません。資格取得者が増え過ぎたために、資格があるだけでは食べていけないのです。たとえ弁護士でも、黙っ

どんな職業でも営業力がないと仕事にならない

営業力がある弁護士

営業のない弁護士

て座っていれば「先生ご相談があります」と仕事が舞い込む時代は終わりました。自ら仕事を取りにいく営業の精神がないと食べていけないのです。

会社に勤務するビジネスパーソンも同様です。経理部に配属されたとして、同じ部門に長く勤務することは難しくなりました。職場は仕事のノウハウが人に依存しないように「ジョブローテーション」を頻繁に行なうようになっています。管理部門を3年経験したら、次は営業部門も経験する……といった具合です。

あるゼネコンでは、営業現場の経験を設計に活かして欲しい。あるいは、新たなキャリア形成の機会になることを望む、と設計部門の社員の半数を3年以内に営業職に異動させると宣言しました。この宣言に設計部門は大騒ぎになったものの、大半の社員は受け入れて営業職へ異動していきました。

こんなふうに、営業職への人材の大移動はあちこちで行なわれるようになっています。ビジネスパーソンにとって営業の仕事を求められる機会が増えていくのは、間違いありません。

今、次のようなことを考えている人がいるかもしれません。

・営業的な仕事に対して苦手意識がある……話すのが苦手、押し売りしているよう

でイヤ

・すでに営業の仕事についていて悩んでいる……うまくいかないからやめたい、本当は営業になりたくなかった

このように感じている人には、**「この先自分で食べていきたいのなら、悩んでないで飛び込んでみましょう」**と言うのが正しいかもしれません。どんな職業についても営業がついてくる、と腹をくくり、だったら少しでも早いうちにやっておいたほうがいい、と思ってください。自分に与えられたミッション（役割）に対しては、ポジティブに取り組んだほうがいいに決まっています。

さて、ここで質問です。世の中の人間には2種類の人がいます。

①イキイキと仕事をする人
②イヤイヤ仕事をする人

あなたはどちらになりたいでしょうか？

仮に心の中では「しんどい」とか「やや、苦手」と思っていても、笑顔でイキイキと働いていれば、上司や同僚やお客様が、「この仕事はあいつに任せてみよう」と期待感を抱いて、働きがいのある仕事や挑戦して成長できるチャンスを提供した

くなります。それはそうですよね。やる気を感じられない人に働きがいのある仕事を任せても「途中で投げ出してしまうかも」と思えて仕方ないだけでしょう。

営業をいきなり「大好きになれ」とは言いません。ただ、多少は心と裏腹でも楽しそうに、イキイキと仕事をするフリをしてみませんか？　すると、不思議なことに仕事が好きになります。

どんな仕事でも、あなたの発想と行動で素晴らしいものになります。逆に言えば、イヤイヤ仕事をする人は、ある意味センスがないのです。

この本では、営業の仕事がやりがいのあるものに変わるヒントを紹介していきます。どれも私が営業マン時代に培って効果があったものばかりです。「営業って、こんなに楽しくて働きがいがあるものだったのだ！」と、ぜひ気づいて欲しいと願います。

Point

営業職は、あなたの発想次第で楽しめるし、結果も出せる！

Question

営業の仕事にいいイメージがありません

Answer

誤解がなくなれば、嫌いな分だけ早く好きになれる

「はじめに」でもお伝えしたように、私は営業に対して当初はネガティブな印象を持っていました。

そもそも、大学を卒業して入社したリクルートで配属を希望していたのは編集職。当時、人気が高かった海外旅行雑誌での仕事を志望し、配属先の希望を人事部から聞かれた時にも、「海外旅行の魅力を読者に伝えたいと考えています。なぜならば、学生時代に数多くの国を1人旅で回ってきたので……」と説明していました。学生時代には休みを使って中国、オーストラリア、米国、欧州と世界中を旅しました。当時は存在したベルリンの壁も歩いて渡り、世界を巡る仕事が第一希望でした。

ところが、そんな夢など「無理だよ」と言われたかのような質問が人事部の担当者から飛んできました。

「営業部門に配属は希望されますか？」

これに対し、当時の私は営業職になることは想像もしていなかったので、頑なに拒否の姿勢を示しました。

「営業だけは勘弁してください。向いていないと思います。押し売りなんてできない性分ですから」

と思いきり否定しました。社会人として仕事をするにあたって、「どうしても営業職は嫌だ」という気持ちは膨らむばかりだったのです。当時の人気TVドラマ「ふぞろいの林檎たち」の登場人物が演じる営業職は、ノルマに追われて相手に断られるばかりの夢も希望もない仕事にしか見えません。それで「営業とはつまらない仕事に違いない」と刷り込まれ、営業職に対する抵抗感はMAX状態でした。

ところが、ふたを開けてみれば配属先は営業。しかも旅行とは関係のない情報通信システムの新規開拓。「これは半年持たずにやめることになるかもしれない」と覚悟しました。

しかし、そんなネガティブな印象だった営業職が、配属されてみると誤解であったことに気づかされていきました。

確かに営業として与えられた売上目標を達成するためのプレッシャーは大きなものがありました。ただ、「お願いします。この商品を買ってください」と押し売りしても売れません。**誰に、何を、どのように提案するのか？　知恵を絞った戦略が**

必要でした。営業は気合と根性だけの仕事ではなかったのです。そして、頭をひねって考えた営業戦略が功を奏して次々と受注（契約）に至りました。

こうした経験を踏まえて、営業の仕事に徐々に魅せられていきました。そう、営業の仕事は、自分の頭を使って考えさえすれば、結果がついてくることがわかったのです。

私は、現在では日本でも有数の営業好きとして認知されるようになりましたが、当初は真逆だったのです。ある意味で明確に嫌いと感じていたから、その誤解が解けた時に好きに転換できたのかもしれません。こう考えると全国約250万人の、営業が嫌いなまま営業職についている人も、ネガティブな要因を払拭するきっかけさえあれば、好きに転換する可能性は十分にあると言えるのではないでしょうか？

嫌いな理由が消えると、いきなり「好き」に180度変わってしまう。

これは、恋愛ドラマならお約束と言っていいくらいの話かもしれません。

「会った時は乱暴でガサツでいい加減、と印象は最悪でした。ところが会うたびに誤解であったことがわかって惹かれていきました」

恋愛ドラマでは、主人公の男女がお互いを「最悪の印象」と感じるものの、徐々に間違いであったことに気づいて恋に落ちるのがセオリー。逆に言えば、印象が悪い分だけ「後はよくなるしかない」とも言えます。

ある恋愛コンサルタントに聞いた話ですが、「好きな相手がいるなら、まずは相手が悪い印象を持つような発言をするべき。そこからプラスに転じる行動を示すと、それが魅力に映る。初めから、いい印象ばかり見せると逆にマイナスが目立つだけ」と秘策を教えてくれました。悪い印象も転じればプラスに活かせるというわけでした。

とすれば営業職にネガティブな印象を持っている人も、それが払拭されれば、プラスに転じて「好き」になる可能性は高いかもしれませんね。

Point

営業職は、やってみると、あなたにぴったりの職種かもしれない！

Question

営業は体力勝負の単調な仕事で飽きそうな気がします

Answer

「考える力」を営業の仕事から教わった

営業は得意先を回るだけの単調な仕事、と思っている人もいるようですね。確かに、「では、商品の説明をさせてください」と誰が相手だろうが同じように淡々と対応するスタイルの営業もいます。これでも売上がゼロになることはありません。

・商品パンフレットを棒読みする
・言葉を挟ませない一方的な説明
・どのお客様にも同じ対応をする

こうしたスタイルを、私は「考えない営業」と呼ぶことにしています。

この対極にあるのが「考える営業」。いわゆるオーダーメイドでお客様に接する努力をすることです。

・お客様の動向を常に調べておく
・動向に合わせて提案内容を変える
・話題提供も毎回のように工夫を凝らす

こうした営業をしてくれたほうが相手としても「うれしい」し、「前向きに考えたくなる」ものではないでしょうか？

でも、考える営業は少々面倒です。訪問前に準備すべきことが増えるからです。たとえば、話題を準備するなら情報収集が必要です。しかも、単に新聞を読めばいいのではなく、「訪問するお客様は食品業界だから、関連するテーマを探すべし」と相手の関心が高いテーマをピックアップして話題を考えないといけません。

・考える営業＝商談の前後に準備が必要
・考えない営業＝商談中だけ頑張ればいい

このように考えているとすれば、面倒だから「やりたくない」と思う人も少なくありません。

実際に以前、私の部下で「考える営業は苦手なのでやりません」と宣言していた人もいました。その部下は体育会系でアメリカンフットボール部出身。社会人でも現役を続けているので夕方からは練習が待っています。練習が終われば、体がグッタリ。翌日の仕事の準備をする余裕はありません。そこで、「時間が足りないので準備は無理。その分、訪問する数を増やします」と考える営業を行なわず、訪問数を増やす突撃型の営業に徹していました。

ただ、残念ながら……

・仕事にならない無駄な訪問が増える
・本音が聞き出せないままで終わる
・次のアポイントが取れない

このような形になってしまい、成果は上がりませんでした。結局、営業とスポーツの両立は断念してもらうことになりました。

営業は、気合・根性さえあれば物量作戦でできる仕事ではないのです。成果につなげるためには莫大な時間は必要ありませんが、移動時間や帰社する前の10分、あるいはお客様を待つ応接室で構いませんので、その時間に雑誌を読んだり、居眠りするのをやめて、**「シナリオをつくる」**時間をつくることが大切です。

このシナリオとは、**「商談の目的に合わせて必要な営業トークを準備すること」**

です。

たとえば、初対面であればお互いが打ち解けるための**「自己紹介」**や、お客様のことを知るための**「質問事項」**を用意しておくのです。

あるいは、次のようなことが必要なときもあります。

- **提案する内容で同意をいただくために、お客様から質問されそうなことに対する回答を用意する**
- **結論を本日中にいただくために、先送りをさせないよう、結論を急ぐべき理由を用意する**

したがって、シナリオは、商談の場面で想定されるお客様からの反応に対して、堂々と対処するための準備と考えてください。準備がなくても、アドリブで大丈夫と言い切れるならシナリオを用意する必要はありませんが、「いろいろと考えてみた結果として、時期尚早かなと思い始めてきたのだよね」とお客様からネガティブな回答や、予想外の反応が返ってきた時に、固まってしまったり、「残念ですが、この商談はナシですね」とただ諦めるだけになって後悔することにならないでしょうか？　それを防ぐためにも、やはり、シナリオは準備しておきましょう。

シナリオとしてつくっておきたいもの

- 初対面の時の → 「自己紹介」
- お客様のことを知る → 「質問事項」
- お客様に質問されそうなことに対する → 「回答」
- 結論を急ぐべき → 「理由」

不思議な話ですが、優秀な営業ほどシナリオを大事にします。

ところが、考える営業を実践するのは意外と大変で、つい「疲れたから休みたい」と楽なほうに流されてしまいがちです。それを避けるために、**わずかな時間であっても「考える時間をつくる」ことを徹底できる仕組みをつくりましょう。**

たとえば、次のようなことです。

- **仕事の準備は疲れた夜より朝に行なう**
- **約束の15分前に到着してシナリオを確認する**

こうしたことを無理のない形で考える習慣を定着させましょう。

こうして、考える習慣が当たり前にな

り、お客様に対してオーダーメイドな提案ができるようになると「ピッタリの提案をありがとう」「君に頼んでよかった」と感謝の言葉をいただく機会が増えて、考える営業の価値を痛感することになるはずです。すると、そのまま、シナリオづくりを続けられるプラスのスパイラル（循環）に入れます。

Point

営業は「考える仕事」。
考えれば考えるほど感謝され結果もついてくる

Question

売り込むのは苦手です

Answer

「無理に売り込める」営業がよいとは限らない

売れている営業は売り込むのがうまい、と言われます。

でも、ここで勘違いしてはいけないのは、**《不要な商品・サービスを押し売りしたわけではない》**ということです。

「注文することは決めていたけれど、時期をいつにしようか？」「何社も比較したけど、同じような状態でどこにお願いしようか？」と、少々迷っている状態のお客様の背中を押す、というくらいなら許されると思います。でも、それ以上のごり押しをすれば、仮に1回は契約が取れたとしても信頼を失って次の仕事はなくなることでしょう。

食品メーカーに勤務する角田さん（仮名）もそんな失敗をしました。大学が同じなのでお互いに親しくしていた取引先の中谷さん（仮名）に対して、「春巻きのキャンペーンをやっています。今月ご注文いただければワンケースつけます。先輩、どうかお願いします」とお願いしてみました。

先輩とは普段から世間話で花が咲く、友人のような関係でした。だから「仕方がないな、いいよ。注文する」と応えてくれると思っていたのですが、意外な回答が返ってきました。

「今月は改装を控えて在庫を減らしているんだよね。それに、この春巻きは人気がないから売り切る自信がないな。代わりに他の売れ筋商品ならお願いしてもいいよ」と代案をいただけました。大学の後輩を思った温かい気持ちからのことでしょう。

でも、上司から「何とか売ってこい」とハッパをかけられている角田さんはどうしても春巻きを売りたいと固執し、「そこを何とか」とひたすらお願いを繰り返しました。

すると、やさしい目をしていた先輩の目が急に冷たくなって、「春巻きはいらないと言っているのがわからないの？　それでもと言うならいいよ。1回限りだからね」と突き放すような態度で注文を出してくれました。

ただ、その後に大変なしっぺ返しが待っていたのです。

翌月になって、いつものように注文をいただくために中谷さんを訪ねると、「注文があれば連絡するから、来なくていいよ」とつれない返事。さらに**「客が不要だと言っている商品を押し売りする営業とは付き合いたくない」**と言われました。先月のお願い営業で大きな亀裂が生じたことは明白です。

この亀裂が修復することはなく、先輩は、二度と以前のような笑顔を見せてくれることはありませんでした。それまで、一番の信頼関係にあると考えていた取引先は、事務的に淡々と注文だけが送られてくる状態になってしまいました。ごり押しの営業は大きな代償を払うことになったのです。

- **誰でもよければ自分に注文いただく**
- **後回しでなく、今すぐに注文いただく**
- **予算が余っているなら提案機会をいただく**

こうしたことができるのは、営業の人柄＝人間力次第なのです。

では、ここで質問です。人間力とは何を指すのでしょうか？

この質問をある広告代理店に勤務する若手社員に質問したところ、「笑顔や、素敵な服装、あの人についていきたいと思われるような立ち居振る舞い」という回答が返ってきました。この回答はある意味で「それもあり」と言えます。

ただし、営業における人間力とは、見た目よりも、お客様との関係を構築する部分に起因します。この人と仕事がしたい、仕事を任せたいと思わせる姿勢、つまり、次の姿勢が見えることです。

・**話をしっかり聞くための質問ができる**
・**相手を立てつつ、自己主張も抜かりない**
・**お客様のために努力する姿勢を示す**
・**この３つを磨いていこうとする向上心がある**

要するに、マインド（精神）とコミュニケーションが大事なのです。

「仕事は成果で示すもの。だから、黙って、寡黙に淡々とやればいいでしょ」と考える人もいるかもしれません。でも、お客様の状況や求めることは、時間とともに刻々と変わります。状況を把握するために、コミュニケーションの密度を高めることは不可欠です。

たとえあなたが「どちらかと言えば無口なタイプ」だとしても、営業の仕事では積極的なコミュニケーションを心がけてください。

以前にお会いした俳優の別所哲也さんが、**「本番になるとスイッチが入って、自分と真逆な人物でも平気で演じられる」**と話していました。つまり、舞台では自分の性格と関係なく、周囲が期待する行動をとるべきなのです。

俳優であれば、撮影する現場が舞台です。普段はシャイでボソボソと話していても、カメラが回るといきなり人格が変わったように朗らかに振る舞えてこそプロです。

営業も同じです。営業であればお客様との商談の場面が舞台です。「普段は無口ですが、仕事では明るく、気配りのできる営業を演じています」と自分のタイプでない役柄を演じていると考えてみてはどうでしょう。コミュニケーションやマインドを駆使して人間力を示し、「あなたに仕事を任せたい」と思わせてください。

Point

「本当の人間力」を磨いて、「お願いしたい人」になることが大事

Question

営業をしないで一生を過ごしたいものですが……

Answer

営業をやらないまま キャリアを重ねることは危険

仕事で「管理部門一筋20年」と、営業経験がゼロのビジネスパーソンにお会いすることがよくあります。それだけ経理・財務といった専門性が高いのでしょうが、よくよく話をしていると「このままのキャリアで大丈夫だろうか？」と思うことがあります。

その理由は1つ。対人交渉をする仕事についた時に困る可能性があるからです。

営業の仕事は社外の様々な人々と接する機会がありす。たとえば、社外には次のような人がいます。

- **直接のお客様**
- **代理店（取引先を開拓してくれる存在）**
- **外部のパートナー（納品で協力してもらう存在）**

こういった社外の人間関係で「この人と仕事をしたい」、「この人に仕事を任せたい」と思われなければなりません。

一方、同じ職場で長く同じ同僚と仕事をしていると、

「例の件は、いつもの感じでよろしく」などと、知らない人が聞いたら何を言っているのかわからないようなやり取りで仕事ができてしまうのです。

精密機械メーカーに勤務する石川さん（仮名。47歳）は、管理部門から異動したことが1回もありませんでした。部下も上司も長い付き合いで、まさに「あうん」の呼吸で仕事ができます。よって、「職場で精神的なプレッシャーは何ひとつありません」と答えていました。

ところが、そんな石川さんに営業への異動が内示されました。この異動に石川さんは驚きを隠せず、「会社をやめろということですか？」と上司に問いただしたほどでした。

この異動は会社の方針によるもので、石川さんは同じ部門で経験を積むだけでなく、複数の職場を経験するCDP（キャリア・デベロップメント・プログラム）を行なうことになったのです。

営業部門に配属された石川さんは、大変な思いをしていました。

「その年で営業の基本から教える必要はないですよね」と、職場の同僚は誰も営業のイロハを教えてくれません（もちろん製品知識の説明はありましたが）。

一方で石川さんもプライドが邪魔して「教えて欲しい」とは口がさけても言えないタイプでした。担当を任された取引先に我流で訪問を重ねていたのです。

しかし、ある日、上司に呼び出されて、「石川さんが担当されている取引先から、クレームがいくつも入っています」と小言をもらいました。

詳しく聞くと、上から目線である、トンチンカンな答えばかり返ってくる、頼んだことを忘れると、聞くのも恥ずかしい言葉が次々と並べられます。

「そんなこと言われても、何をすればいいのか見当もつきません」と、石川さんは上司に半ばキレ気味に言い返しました。社会人としての今までの人生を真っ向から否定された気分になってしまったのかもしれません。目にはうっすらと涙がうかんでいました。上司もさすがに厳しいことを突きつけ過ぎたと反省し、「少々、言い過ぎました。すみません。営業同行しますのでアポイントを取ってください」と、クレームのあったお客様のフォローをすることで、一旦は収束となりました。

ところが話はこれで終わりません。石川さんは人事部に駆け込み、「やはり、管理部門でこそ自分を活かせる。だから、元に戻して欲しい」と訴えたのです。しかし、人事部は冷静に対処しました。営業経験のなかった社員が営業の現場に配属されて、「営業は向いていないから戻して欲しい」と要望をしてくるケースが頻発していたから、このようなことには慣れっこだったのです。人事課長は言いました。「石川さんがこれまで積み重ねてきた経験が営業で活かせないのでしょうか？　会社はそれを期待しています」。ところが、このアドバイスは意味がなかったようです。石川さんは会社を休みがちになり、半年後には退職することになったためです。

営業職に配属されて恐怖を覚える要因を聞くと、大半の人は次のように答えます。

- **売上目標（いわゆるノルマと言われるもの）が大変そう**
- **お客様に対する対応に不安がある（無理難題を言われるかも、との不安）**

でも、考えてみれば営業職以外でも仕事として職場で求められる目標（行動に対する成果）や、社内外の人間関係を円滑にする努力は必要です。つまり、営業だからといって、それほど恐怖を感じる必要はありません。

たとえば、私が編集部に所属していた時は、「部数を伸ばせ、記事で読者支持ランキング1位を目指せ」とよくプレッシャーをかけられたものでした。

あなたが幸運にも定年までプレッシャーがゆるい職場だけを渡り歩けるのならい

いですが、人生の後半でプレッシャーに遭遇すると、石川さんのようなことになるかもしれません。だからといって、何か資格でも取って独立しようと考えるなら、必ず「営業」が必要になります。営業ができなければ、仕事がなく、食べていくこともできません。

あなたが運よくゆるい職場にい続けられるのか（しかし、そんなゆるい職場が今後そのまま存在し続けられるのかは疑問ですが……）。その可能性が低いのであれば、**周囲の人が助けてくれるうちに、「営業」を経験しておくほうがよい**でしょう。

逆に営業としてのキャリアがゼロだとしたら、人生の選択肢として「このまま営業職を経験しなくて大丈夫か」を考えるべきだと思います。

Point

どんな仕事でも「営業力」がないと生き残れない。早めに経験して、「営業力」を身につけたほうがいい

Question

どうしても前向きになれません

Answer

言葉次第で「気持ち」は変わる

ここで私の昔話をさせてください。私は営業職に配属され、「営業から脱出するためにどうしたらいいか?」と考え、次の2つが実現できれば、異動ができるのではないかと策を練りました。

・営業以外の適性を周囲に知れ渡らせる
・管理部門の先輩社員に可愛がられて引っ張ってもらう

まずは社内の新規事業プランコンテストに応募しました。社内では本社の企画部門への登竜門のように思われていた一大イベントです。そこで私は、地域連携での情報通信ビジネスの提案をして見事グランプリを受賞。新入社員が起案したプランとしては初めての快挙でした。この受賞で同期入社800名だけでなく、全社的に「あいつは面白い企画をつくれる奴」との認知度を上げることができました。

そうして認知度が上がったタイミングに本社の情報誌編集部や広報・宣伝部門とのお近づきを試みました。しかし先輩の口から出てきた言葉は、「営業で活躍しないと編集にも企画部門にも異動できない」というものでした。売れている営業であることが希望を叶える最低条件であるというのです。今となっては破綻した理論だと思いますが、当時の私は素直だったのでしょう、努力してなんとか同期で営業トップの成績を出し続けました。すると、面白い企画をつくる奴との印象は忘れ去られ、営業としてできる奴との評判が立つようになりました。でも、本人としては、「営業なんて結果が出ればいい仕事。何か空しい」と感じていました。

ところが2年目になり、新入社員を迎えて状況が大きく変わりました。営業部門に配属されて戸惑いやがっかり感を見せる彼らの姿に「昨年の自分と同じだ」と思い、慰めるべく（あるいは先輩風を吹かしたくて）、数名の新入社員と居酒屋に飲みに行きました。すると、ある新入社員からこんなことを打ち明けられました。「私は営業の仕事が好きになれそうにありません。いつも頭を下げてばかり。媚びたような姿を見せたくないのです。そんな仕事に働きがいなんて感じることはできません」

どうやら昨年の自分と同じような心持ちのようです。

思わず「俺も同じだった」と言いたいところでしたが、さすがに社会人経験を1年積むと、自分がどのように立ち振る舞うべきかはわかります。不安を感じる新入社員が夢や希望を持てるような職業観を伝えたいと思い、こう言いました。

「営業はそんなに魅力がない仕事ではないよ。実は自分も君と同じような想いを抱いて営業職になった。でも、それは勘違いだった」

と、ネガティブに捉えていたはずの営業職を肯定したのです。これには自分でも少々驚きを感じましたが、私の話はさらに続きます。

「営業はお客様に媚びても売れない。そうじゃなくて、お客様から自分に相談したくなるように、知恵を絞って新しいことを生み出さなければならない。それに、売上目標は、会社の管理部門を含めたすべての社員を支えるために必要な利益を生むための数字だ。それを生み出す営業に誇りを持っているよ」

こうして私は、1年間の仕事を振り返りながら熱く営業の魅力を語り、最後には「だから営業が大好き」と締めくくりました。この話に対して新入社員が共感してくれたかは定かではありません。なぜなら、自分の発言に自らが驚き、相手の感触を把握するどころではなかったからです。この出来事は、「自分は営業が好きなのかもしれない」と気づくきっかけとなりました。口にすることで気持ちが変わる。

言葉の魔力を感じました。

このように、「営業職に対して悪い印象がある。好きになれない」と口にするより、**「営業職に誇りを感じている。働きがいを強く感じている」**と語ることで、仕事に対するよい印象が刷り込まれるのは間違いありません。

自分は苦手と感じているなら、「好き」とあえて口にしてみてください。さらに、次のように具体的に好きな理由を語れると、気持ちはよりのり込めるはずです。

- **お客様に「ありがとう」と言われるのが好き**
- **自分が仕切って周囲を巻き込めるから好き**
- **新しい提案を考えることが好き**

どんな仕事でも、働きがいや喜びは必ずあります。それを膨らませて仕事の活力にしましょう。気持ちは自らの言葉で変えることができるのです。

Point

どうせだったら、「営業が好き」と言ってしまおう！

PART-2

「話がヘタ」な人ほど結果が出る不思議

お客様との関係のつくり方

Question

訪問先で
どうしても緊張してしまいます

Answer

仕事で緊張することは
「成長」と同じこと

知らない人に会うのは誰でも緊張します。私だってそうです。ただ、経験を重ねると慣れてくるのも事実です。でも、緊張しないのがいいのかというと、それはちょっと違います。

入社3年目で営業に異動した佐藤さん（仮名）は、それまで管理部門で備品の管理の仕事をしていました。職場で話をするのは上司・先輩含めて数名で、「おはようございます」と出勤して挨拶を交わしてから、帰社まで一言も言葉を発しないこともあるような状態です。初対面の出会いがなく、しかもコミュニケーションが希薄な職場から、いきなり営業になれば不安を感じるのは当たり前の話でしょう。

当初は、営業研修として先輩の商談に同席することを繰り返しました。そして約半月ほどたった頃、本人的にはまだ不安が払拭されていない状況でしたが、上司から「明日からは1人で訪問するように」と指示が出ました。ついに独り立ちの時期になったのです。

本来であれば、「営業として売上目標をどのように達成するか？」ということに意識を置きたいところです。しかし、佐藤さんはそれより明日の訪問のことで頭は一杯でした。「一体、何を話せばいいのだろうか？　緊張してどもってしまったらどうしよう」と不安に駆られ、次のようなことを何回も行ないました。

・取引先の会社概要を再確認
・取引実績を前任の営業にヒヤリング
・訪問の際に持参する資料のチェック

さらに重苦しい雰囲気にならないように自己紹介の準備もしました。「学生時代は運送会社で引越しのバイトに精を出していました。御社が移転する際にはぜひひともお手伝いさせてください」と世間話が盛り上がるようにネタの準備もしました。本当に入社面接の前日のような感じです。

こうして緊張の訪問がスタートしました。ところが準備万端で伺ってみると、取引先の担当者は殊《こと》の外《ほか》フレンドリーなタイプでした。

「よろしくお願いします。ところで学生時代は何をしていたの？」

「何か紹介したい商品の案内とかあるのかな？」

と想定通りの質問をしてくれます。会話も弾み、案内させていただいた商品の注文までいただける好スタートの初回訪問となりました。その後は徐々に緊張も解けて取引先とも冗談が言い合えるような関係になっていきました。注文もそれなりにいただける状況ができてきたので、上司からの細かい指導も少なくなりました。ある意味で営業として一本立ちできたとも言えます。

佐藤さんが「営業としての仕事に大分慣れてきました」と、肩の力が抜けたように話してくれたのは、営業に異動してから半年後のことです。

ところが、**肩の力が抜けたことが佐藤さんの大きな失敗につながることになりました。**
その象徴となる出来事が起きたのは、ある日の昼休み。取引先であるS社の担当者から電話がありました。
《電話があったことをお伝えくださいとのことでした》
昼食を食べて職場に戻ると伝言が机の上に置いてありました。ちなみに夕方にはアポイントをいただいており、急ぎであれば折り返しと残されているはず……と判断して、連絡をせずに夕方にS社を訪ねました。すると、やや不機嫌な顔をした担当者と遭遇することとなりました。

「さっき電話をしたのだけど」と切り出した担当者に対して「はい、存じております」と返しました。すると、**「連絡をくれないから、他の会社に注文してしまったよ」**と驚くべき答えが返ってきたのです。

実は今日のアポイントで、提案していた商品の契約書をいただくことになっていたのですが、午前中に紹介で訪ねてきたライバル会社の営業から、同じ機能で大幅に安い提案があったとのことです。おまけに、「この場でご注文いただけるなら5％値引きさせていただきます」とありがちな手法で結論を迫ってきたそうです。

ここで取引先の担当者は迷いました。

・粗削りだが熱心なライバル会社の営業
・付き合いも半年になっている佐藤さん
のどちらに仕事をお願いすればいいだろう。

「ちょっと、時間をくれませんか？　2時間後に連絡をください」

S社の担当者は検討のために1時間の猶予を求めました。その理由は佐藤さんとコンタクトを取るためです。ところが携帯は留守番電話。会社に電話して伝言は残したものの1時間待っても返事はなし。営業になったばかりの佐藤さんであればすぐに折り返してくれたものでしたが、何の連絡もありません。2時間を経過したところできっちりとライバル会社の営業が電話をしてきました。

「ちょうど御社のオフィスの1階におります。よろしければお伺いしてもよろしいでしょうか？」

電話で回答を求めることなく、近くで待機していたのです。この熱心さに打たれて担当者は契約をする決意をしてしまったのです。これを聞いた佐藤さんは、「そうですか。すみません、電話をしなくて……」とうなだれるしかありませんでした。

さらに追い打ちをかけるようにキツイ言葉が飛んできました。

「半年前の初々しい時は、クイックなレスポンスだったけど、最近は違うね」

仕事に慣れてきた一方で、雑になっていると言われた気がしました。佐藤さんにとって大いなる反省の機会となりました。

さて、仕事に慣れない時には、次のように何から何まで段取りを組んでおかないと不安になります。

- **ひたむきな姿勢**
- **質問を想定して準備しておくなど、何事にも応えようとする誠意**
- **相手のことを調べて興味のありそうな話を振るなど、用意周到な話術**

そんな緊張感のある仕事ぶりは堅苦しくはあるものの、担当者にしてみれば期待を抱かせるものがあります。

それでも緊張で抜けがあったり、トンチンカンな話をしたりするのもご愛嬌。緊張感につつまれた状況で仕事をすることが、大いなる成長を導いているのは間違いありません。

ところが妙に仕事に慣れてしまうと……

- 昨日と同じような準備で十分
- クレームが出ても対処法はわかる
- 努力しても成果に大差は出ない

このように、仕事を適当に済ます方法を覚えてしまいがちです。これはとても恐ろしいことで、あなたの成長を止めることになりかねません。できれば、日々の仕事で緊張感を持続できる状況を常に準備しておきたいものです。

そのためには、**ライバルの存在を意識する（手を抜くと大変なことになる自覚を忘れない）**ことが重要です。自分の緊張感を緩ませれば、ライバルが付け入る機会をつくることになる。だから、自分の仕事に甘えをなくして厳しく行動する意識を常に持ったほうがよいのです。

今はまだ緊張感でいっぱいだと思いますが、その気持ちを大切にしてください。

Point

「緊張感」をなくしてはいけない。手を抜けばライバルに仕事を取られる

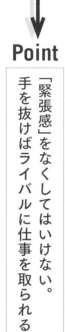

Question

何を話していいかわかりません

Answer

「自分は何者か」を伝えることが、最初の準備

仕事で接する取引先の相手（担当者や決裁者）はどれくらい、自分のことを知っていると思いますか？　あるいは、あなたはどれくらいのことを知っていて欲しいと思いますか？

「別に何も知っていなくても仕事なんてできるよ」と考える人がいるかもしれません。

確かに営業として商品やサービスをしっかりと説明できる能力さえあれば、それなりに注文がいただけるでしょう。

でも、考えてみてください。せっかくたくさんの人に会っているのに、「その人たちの誰もが自分のことを知らない」としたら、どうでしょうか？

以前、まさに売り込みマシーンのような営業担当者に遭遇したことがあります。

法人向けに携帯電話を営業している高山さん（仮名）は、お客様に面会したら、「では、価格と機能について紹介させていただきます」とひたすら説明に没頭します。終了したら

「いかがですか?」と感触を確かめて、「では、契約書をお渡しします」と結論を迫る営業スタイルです。商品特性もあるのでしょうが、恐らく営業を受けた相手は高山さんが何者かを、まったく理解していないはずです。

それでも高山さんは熱心に訪問を重ねて営業部での成績は上位にランクインしていました。さらに、「仕事で会った相手とお互いのことを理解し合うなんて時間の無駄」と断言します。恐らく来年、再びお目にかかったとしても、その営業スタイルは変わっていないでしょう。確かにそれでも売れる営業はいます。

ちなみに私も若い頃に似たような営業スタイルの時期がありました。入社1年目の時は、ひたすら訪問数を増やして注文を取ることに専念したのです。自分のことを相手にわかってもらいたいという気持ちなんて微塵もありませんでした。

ところが2年目になる春に、1つの節目がやってきました。ちょうど、オフィスの移転があり、机の上に雑然と並んだ名刺を片づける必要が出てきました。

当初はあいうえお順で整理した名刺管理の箱に仕分けしようと考えましたが、その枚数がもの凄い数になっていて段ボール1箱分あったのです。

「この1年で凄い数の人に会っていたのだな」と思う一方で、いい機会なので分類してみようと考えました。
そして、次の3つに分けてみたのです。

・今後も仕事でつながりが見込める人の名刺（仕事のカテゴリー）
・恐らく二度と会わないと思える人の名刺（不要のカテゴリー）
・仕事よりも個人的にまた会いたい人の名刺（知人のカテゴリー）

「この名刺の人の顔が思い出せない。どんなタイプの人だっけ？」と脱線しながら、2〜3時間くらいかけて整理した気がします。

しかし、結果はガッカリするものでした。

・仕事のカテゴリーの名刺は30枚
・不要のカテゴリーの名刺は460枚
・知人のカテゴリーの名刺は10枚

これしかなかったのです。
ちなみに入社1年目に新規で注文を取った取引先は50社以上もありました。ところが、「この会社と仕事はしたけれど、もう会うことはないよね」というような、仕事が次につながっていない名刺が続々と出てきたのです。

この事実を突きつけられて感じたことは、「1年間の営業は農耕型でなく焼畑型であった」ということです。**成果は出したものの、この焼畑型の営業はとても単調で空しいものでした。注文は取れても、自分は何も成長していない、得るものを感じることができない毎日が続いたからです。**その繰り返しがこれから先も待っているとしたら、「いくら、注文が取れても耐えられない」と感じ始めていました。その空しさを象徴するのが「不要」のカテゴリーに積み上がった名刺の山でした。

「どうせ同じ時間を過ごすなら、有意義に過ごしたい」。その時、営業スタイルを変える決意をしました。

では、どう変えるか？

それは、出会った人と次につながる営業を心がけることです。具体的には、次の3つの関係を目指すことにしました。

- **何回も注文がいただける関係になる**
- **取引先を紹介していただける関係になる**
- **仕事抜きでも付き合える関係になる**

すると営業スタイルも変える必要が出てきました。これまでのように機械的に商品・サービスを説明するのではなく、**次につなげるためには、相手に自分を知っていただく必要があります。**知っていただくことで「次も会いたい」「何かあれば仕事を任せたい」と思っていただけるからです。

そこで、自分を知っていただくために、次の点を整理してみることにしました。

・自分の特徴（これまでの経歴）

・自分ができること（何で役に立てるか）

しかし、自分の趣味や血液型や住んでいる所在地などを商談の合間に切り出すイメージがわきません。

「私はてんびん座でB型。落ち着きがなく、発言がコロコロ変わるタイプです」と自己紹介しても相手から冷たい視線しか返ってこないか、「商談中に何を言い出すのだ」とお叱りを受けそうな気がしてなりません。

あくまで「商談中に」自分のことを伝える、ということを前提に、何を発信するべきかが大事だと気づきました。考えに考えて「自分について」を整理しました。

そこで生まれた自己紹介がこれです。

「入社して1年間、都内の文京区を担当して50社以上のお客様と仕事をさせていただきました。商品・サービスだけでなく情報通信業界の動向はそれなりに押さえている自負があります。お気軽にお尋ねいただけましたら光栄です」

こうして準備した自己紹介を実際に使ってみることにしました。まずは、以前に注文を1回だけいただいて、その後は疎遠になっていた医療機器商社を半年ぶりに訪ねて試してみたのです。すると、「そんなに仕事の実績があるとは知らなかった。でも、ちょうどよかった。1つ相談したいことがあるのだよね」と笑顔で相談を持ちかけてきてくれました。振り返れば、商品を注文いただくことばかりに固執した営業活動をしていたので、お客様の笑顔を改めて眺める余裕がなかったことに気づきました。

さらに相談という言葉をいただいたのも初めてのことでした。ちなみに相談は「関西に支店を出すことに決まったのだが、お宅でサポートできますか？」という、仕事につながる内容でした。自己紹介をしたことで笑顔と相談をお客様からいただくことができたのです。これは営業をしていて初めて「うれしい、営業をやっていてよかった」と感じた体験でした。

今、振り返れば、当時の私の自己紹介など、堅苦しくて、趣旨が十分に伝えきれないものであったはずです。それでも自分のことを伝えたい、伝えて何か役に立ちたいとの想いが伝わったのでしょう。

大事なことは「相手の役に立ちたい」と願う想いを前提にした姿勢です。それが示せるとお客様との関係が劇的に変化するのは間違いありません。

Point

「相手の役に立ちたい」という想いで「自分のこと」を話してみよう

Question

自分から話そうと思っても、言葉が続きません

Answer

相手に7割話してもらうくらいで丁度いい

「人気者＝よくしゃべる」と思っていませんか？

しかし、世間で「よくしゃべる人」と思われている人は、実は自分はあまりしゃべらずに、人に「しゃべらせて」盛り上がっている人が大半なのです。

では、なぜ「人気者＝よくしゃべる」というイメージがあるのでしょうか？　それは、**人気者は「質問の仕方」がうまいので場が盛り上がるからです**。ですから、周りの人からは「この人めちゃくちゃしゃべるな」と思われているわけです。

つまり「人気者になりたいから、さんまさんのようにしゃべりまくろう!!　面白い話をしよう!!」と考えてしまうのは、はなはだ見当違いというわけです。むしろ、お笑いのツッコミ役に徹する意識が正解かもしれません。

しかし、「商品・サービスを丁寧に説明したい。そのほうが仕事につながる」と決めつけている営業の方は多

いです。そんな営業は、自分が言いたいことを一方的に話し、その内容も自分の会社の商品説明ばかり。「パンフレットに書いてあることを読み上げているだけ」としか思えない話しぶりの人もいます。お客様の立場になれば、無駄な時間に付き合わせないでくれ……と嘆きたくなることでしょう。

ちなみに、若かりし頃の自分が、まさに典型。会うなり、世間話もせずに、「本日はお時間をいただきありがとうございます。では、当社の商品について説明させていただきます」と営業カバンから商品パンフレットを取り出して、その中身をなぞるように説明を行なっていました。そして、説明が終わってお客様の顔を見ると、《もういいから、勘弁してくれ》とぐったりした表情をしていることが大半でした。一方的にまくし立てる営業スタイルに愛想を尽かしているのでしょう。

「わかった。では、契約するから帰ってくれ。できたら、納品は別の担当者に任せて欲しい。君に会うのは1回で十分」と「帰って欲しいから」と注文をいただいたことさえありました。当時、私の営業を受けていただいた方には「すみません。ご迷惑をおかけしました」としか言えない、恥ずかしいエピソードです。

ちなみに、私の若き営業時代の商談のバランスは、「話し役：聞き役＝9：1」

でした。

さて、あなたはどうでしょうか？

自分は話を十分に聞いている、一方的に話すなんてとんでもない、自分はバランスよく6割くらいは話を聞いている……と思っている人もいるでしょう。

でも、この感覚は少々ずれていることが多い気がします。

これもリクルート時代の部下が、「おそらく7割くらいは聞き役に徹しています」と豪語していたので、営業に同行してお客様との会話を聞いてみました。すると、実態は大きく異なり、「話し役：聞き役＝５：５」でした。この事実を部下に伝えたところ「嘘でしょ！」とショックを受けたようです。

それだけ、商談における話し役と聞き役の役割比率は調整が難しいものなのです。

ですから、**営業は意識して聞き手に回るべきです。**

昔から**「聞き手７割　話し手３割」**と言われます。その理由は「会話は、話し手のほうが楽しい」からです。これを忘れないでください。

聞き役のシェアを上げるためには、次のような会話の流れを意識しましょう。

①質問する

「採用方針をお聞かせください」「今期の業績はいかがですか？」など、Ｙｅｓ・Ｎｏで簡単に答えられる質問を避けて、**考えて答える必要のある質問をしてください。**オープンクエスチョンと呼ばれる質問方式で、会話に広がりが期待できます。

②話しやすい相槌を入れる

「なるほど」「それは素敵ですね」と、回答に対して何回も小さくうなずいてください。相手からすれば話を続ける勢いが増すきっかけになります。逆に、無表情・無反応だと「聞いていないから話したくない」という気持ちになることでしょう。

③ツッコミを繰り返す

相手の話を同じように繰り返すと**「この人は話を聞いていてくれる」**と安心します。「最近は業績が芳しくなくて、予算も縮小傾向なのですよ」と言われたら、「業績が芳しくないから予算も縮小傾向ですか、それは大変ですね」で、十分です。

以上が基本ですが、ここで、応用編も伝授させてください。

「それって、こんなこと言いたいのですか？」と、**相手の話を置き換えて、切り返**

聞き役のシェアを上げる4つのコツ

意識して聞き役に回ろう

すのです。これは、**パラフレージング**という話術です。

たとえば、「中途採用はしないことにしました」と相手が話してきたら、普通なら「中途採用をしないのですか。それはなぜですか?」と聞くところを、パラフレージングは「では新卒採用だけで人材を採用するという意味でしょうか?」と言葉の裏に隠れた本質を切り返す手法です。こうした行動を意識すれば聞き役として、お客様から高い信頼を獲得できることでしょう。

Point

意識して、聞き役、ツッコミ役に回ろう

Question

しゃべり上手でよく注文を取ってくる同期がまぶしく感じます……

Answer

「この人、どんな人だろう」と相手に好奇心を持て

「自分は口下手で、人前に出ると緊張してしまうタイプです。そんな人は営業に向いていませんよね？」

私がリクルートにいた時に、こう相談してくる部下がいました。そんな時、私はいつもこう伝えていました。

「そんなことないよ。口下手なタイプのほうが営業に向いていると思うよ」

なぐさめる優しい言葉を期待していた部下は、突き放されたと思い、寂しそうに去っていきます。でも、意地悪をしているのではありません。実は私は、口下手も営業にとって武器の1つくらいに思っています。

確かに営業は、社外の見知らぬ人に商品・サービスを説明して、お客様に納得してもらい、注文をいただく仕事です。当然のことながら、人と話

す機会は内勤の社員と比較すれば多いのは間違いありません。

でも、だからといって、「営業は話が上手でなければ仕事にならない」と考えるなら、それは大きな誤解です。

そもそも、流暢に話せる営業って怪しいと思いませんか？

「この液晶画面の美しさを見てください。これが最新技術なのです。いいですか、詳しく説明しますと……」

と、テレビショッピングでの商品の説明のように、流れるような話しぶりで見知らぬ人にたたみかけられたら、「怪しい」って思いませんか？（テレビショッピングはそれでいいと思いますよ。誤解なきように）。いつも、こんな調子でお客様を乗せているに違いない……と疑いたくなっても不思議ではありません。

むしろ、次のような雰囲気があるくらいのほうが、お客様は親近感を感じるものなのです。

・どもってしまう
・話しぶりが固い
・緊張が顔に出る

「話が上手じゃないけれど誠意を感じる。この人なら安心できそう」

そんなふうに感じてもらえれば、お客様に愛されるキャラになれるはずです。無理して、話し上手を目指す必要はありません。

「営業は話し上手を目指さなくてもいい」と痛感したのは、出版社の仕事で各界のトップセールスと対談する機会をいただいた時のことです。

・売上ギネス記録を持つ保険業界のカリスマ
・この1年間で最も外車を売った営業マン
・4つの営業会社でトップに輝いた男

こうした凄いキャッチコピーを編集部から聞いて、「どんな人が登場するのだろうか？　きっと華麗に自分のことを語るのだろうな。話し方についていろいろ勉強させてもらおう」と考えて臨みました。ところが、登場したトップセールスの方々は想像とは真逆な人ばかりだったのです。

「あの……初めまして。よ、よろしくお願いします」
「緊張していますが、頑張ります」

と、たどたどしく挨拶するところからして、意外でした。もっと、迫力のある存在感で登場するものと思っていたのですが、地味なイメージです。話し上手とは決して思えません。

さらに、営業として活躍する秘訣を質問しても、「健康であることくらいしか思いつきませんね」「周囲に恵まれただけ。運の強い男ですよ」と話すだけで、ビジネス雑誌にあるような気の利いた回答はいただくことができません。「もしかして、秘訣を隠しているのだろうか?」と疑ったりもしましたが、そんな様子でもありません。**ハニカミ屋で、照れ屋で、言葉少な目なタイプばかり。語るテンポがいいわけでもありません。**

外車営業で大活躍の山田さん(仮名)なんて、話しながら緊張で額に汗がびっしょり。「いつも、この調子だとハンカチが何枚あっても足りないのでは?」と心配になるくらいです。ご想像どおり、残りの2名も同じような調子で、どう見ても、話し上手なタイプではありませんでした。

でも、取材した方々が売れている営業であるのは事実です。では、話が下手でもお客様に信頼されて、きちんと商品・サービスの説明を行ない、納得して注文をいただけるのはなぜなのか？　取材の後に、いろいろ思い返してみて気づきました。

彼らの営業の秘訣は1つ、**「相手に関心を持つ態度」**です。緊張していても、オドオドした気配は微塵もありません。そして、相手に興味を持って積極的に話を聞いてきます。たとえば、取材したトップセールスの1人にメモの取り方について質問したところ、「メモはしますが、大して特徴なんてありませんよ。高城さんはどのようなメモ帳をお使いですか？」と、**逆に聞き返されました**。そして、こちらが自分のやり方を話すと、「ありがとうございます。勉強になりました。ちなみに1つお聞きしてもいいですか」とさらに質問されてしまう始末。この質問タイムが10分以上も続きました（苦笑）。

こちらが取材したいのに、これは困ったと感じながらも……答えているうちに相手に対して好感度が上がってきたことに気づきました。

「頼りにしてくれている」

「自分に対して関心を示している」

私はそう感じていたのです。そして、**質問を受けるたびにお互いの距離が近づい**

ていきました。

恐らく取材でトップセールスとして「いかにスゴい仕事をしているか」という自慢話をされただけなら、「いろいろお話を聞かせていただき、ありがとうございました」とお礼を申し上げて終わってしまい、仕事につながるようなきっかけは生まれない気がします。ところが、私に質問してくれた方とは、「何か困ったことがあれば、相談してもいいかも」と何となく距離が近づいた気がしたのです。

営業として大事なことは、自分が縁あって仕事をすることになった（あるいは可能性が高い）取引先の次のようなことに関心を示すべきです。

- **会社の業績**
- **会社のトピックス**
- **担当者の業務**

いや、正確に言えば関心が示せるように努力すること＝思い込むことが大切です。

たとえば、あなたが牛丼が好きで吉野家の営業担当になったとすれば取引先に対して自然と関心を持つはずでしょう。

お客様のこんなポイントに関心を持って質問してみよう

□ **会社の業績**

→「最近、業績はどうですか？」

□ **会社のトピックス**

→「新製品が出たのですね」

□ **業界について**

→「○○という新しい技術が出ましたが、
この業界はどうなっていくと思いますか？」

□ **相手の業務**

→「総務の仕事にもいろいろあると思いますが、
どんな仕事を中心になさっているのですか？」

□ **相手の仕事観**

→「仕事で大切にしていることは何ですか？」

「自分は相手に関心がある」と思い込もう！
そして、その関心を質問に変えて
相手にぶつけてみよう！

「特盛キャンペーンは再開しますか？　普通のみそ汁より豚汁が大好きです」などと自分の嗜好で聞きたいことがたくさんあることでしょう。でも、自分の関心の高いかどうかを範疇に取引先を選んでいたら仕事になりません。

仮にまったく知識も関心もない「代金回収サービス」の会社を担当したとしましょう。本音を言えば、「代金回収なんてよくわからない」というところだと思いますが、そのビジネスの存在価値について自分は興味があると思い込んでください。

そして、**「この業界はどのように展開していくのでしょうか？」などと関心を質問に変えて相手にぶつけてみましょう。**

そこで得た回答によって知識が増えれば、「クラウド化で、この業界のビジネスチャンスが広がるだろう」などと自分なりに業界知識が蓄えられ、関心も高まってくるはずです。

これは会社だけでなく、担当者に対する関心も同じです。

「この人はどのような価値観で仕事に取り組んでいるのだろうか？」と関心を持ち、「仕事で一番大切にしていることは何ですか？」などと尋ねてみましょう。

自分が関心を高める努力をすれば、相手も自分に関心を示してくれるものです。

こうした努力を積み重ねることで取引先との関係が深まることでしょう。

初めは、「フリ」でも構いません。「そういえば、あの人はいつも何を考えているのかな」「あの会社って、何してるのかな」と考えてみることから始めてみませんか？

Point

「関心を持つ（フリ）」から始めよう！

Question

自分のことを話すのは苦手です

Answer

自分が聞いてもらいたいことを、まず相手に「質問」しよう

自分のことを率先して話すのは少々照れくさいものがあります。

たとえば、「営業でナンバーワンになりました」「趣味はワインでソムリエの資格を持っています」と自分のアピールポイントを示す時に、大抵の人は「自慢するほどではありませんが」と謙虚な姿勢を添えます。それをしないと出過ぎた人と思われてしまうと感じるからです。だから、「周囲の方々に支えられたからです」と自分より周囲を称えるくらいの度量を示したりします。

確かに自分の特徴を相手に伝えようとしても、それが自慢話に聞こえると相手にいい印象を持っていただくことができません。

でも、それでも自分のよいところは相手に伝えたいですよね。そんな時は、どうしたらよいでしょうか？

一番簡単な方法は、**《聞いて欲しいことを相手に質問**

する》です。

たとえば、「最近はお忙しいですか?」と質問したとしましょう。すると、「4月は新入社員の導入研修の実施で大変です。ところでそちらはいかがですか?」と相手は、自分に聞かれたことを、同じようにあなたに聞き返してきます。

ですから、まず、発信したいことを相手に質問してみてください。

「ちなみに仕事が終わって会社を出るのは何時くらいですか?(自分が夜遅くまで頑張っていることを伝えたい)」

「御社で最近のトピックスと言えば何ですか?(新商品が好調なことを伝えたい)」

このように、相手に聞いて欲しいことを自分が質問してみてください。

Point

自分から売り込むのが苦手なら、相手に質問をしてみよう

Question

クロージングができず、ライバル社に先を越されてしまうこともあります

Answer

「きっかけキーワード」をいくつも提供しよう

お客様の決断の背中を押すことを**「クロージング」**と呼びます。迷っているお客様に対して「背中を押す＝決意を促す」ことは営業の成否を握っているとも言えます。営業の仕事として重要なクライマックス的な場面で、注文をいただくためにあの手この手で迫るのですから、まさに狩人のような仕事とも形容できます。

ところが最近は、「無理なお願いをするくらいなら、お客様から声がかかるまで待っていたい」と草食系の発言をする営業が増えているようです。でも、それで期待される役割は十分に担えるでしょうか？　売上目標は達成できるでしょうか？

私はこれまでの経験から、「勇気をもって結論を迫る＝クロージングする」大切さを数多く経験してきました。**もし、あの時にクロージングせずに「待**

ちの姿勢」であったら得ることのできなかった成果はたくさんあります。

ちなみにリクルートで働いていた時には、毎月のように結末のクロージングでドラマを経験したものです。

営業部門は毎月のように売上目標を追いかけていましたが、毎度高い数字で、いくら頑張ってもわずかに届かない絶妙な数字に設定されていました（この目標設定のセンスにはいつも驚かされました）。

さて、そんな高い目標を持つ営業部ですが、月末なると、「目標達成までわずかに足りない。誰か、何とかできる営業はいませんか？」と売上数字を集計している秘書が、困った顔で営業に対してハッパをかけにきます。ここで、何とか売上を上げるためには、翌月あたりに契約が見込める商談を前倒しする必要が出てきます。

こうした際にクロージングをする技術に違いが出てきます。

ちなみに注文が取れる営業は、「今月の売上数字が足りないので、契約をいただけないでしょうか？」と頭を下げるクロージングなんてしません。今どきは頭を下げたからといって注文してくれるお客様は極めて少ないでしょう（ゼロとは言いません）。それより**お客様に、早期の決断がメリットを創出することを訴えることが**

重要です。

一番簡単な言い方は、**「効果を早く実感いただきたいので、今日あたりにご判断いただけませんか？」**とお客様にとってメリットがあるから、と急かす手法です。

これを応用して、決意を促す営業トークを考えるのは意外なほどに楽しいものです。


これって、ある意味で恋愛にも似ている気がしませんか？

「好きな相手に興味を持ってもらうにはきっかけが大事。ただ、最終的には興味を持ってもらえる自己アピールが必要。さらに決意を促すプロポーズは大勝負」

このプロポーズが、営業ならクロージングにあたる感じでしょうか？　もちろん、恋愛も営業も最終局面に向かうまでの段取りが重要です。ただ、それでも背中を押す勇気がなければ別の誰かに取られてしまうかもしれません。これが営業であれば、競合に出し抜かれるのと同じです。段取りを無駄にしないためにもクロージングは慎重、かつ大胆に行ないたいものです。


そんなクロージングで大事なことは、お客様が決意するための必然性です。つまり、**「ちょうどいいタイミング」と思えるきっかけを提供できる**ことが大事です。

そんなきっかけづくりがトップセールスの方々は上手です。
たとえば、次のようにです。

・「年度末だから、翌年の計画を決めるのにいいタイミングですよ」
・「春だから、秋に向けての方向性を早めに固めておきませんか？」
・「秋だから、寒くなる前に年内の仕事は確定させておくべきではないでしょうか？」

このように、いつでも「今がちょうどいいかも」と決意を促すきっかけを探すことに長けています。この、きっかけづくりこそクロージングの極意です。お客様のわずかな迷いで躊躇している気持ちに「ちょうどいいタイミング」と思わせることができれば、商談が一気にまとまる可能性が高まります。

Point

お客様に「今が、そのタイミング」と思わせよう

PART-3

落ち込んだ後に「最高の瞬間」が待っている

営業が楽しくなるヒント

Question

相手に拒否されると次に行けなくなってしまいます……

Answer

断られた時の対応が「将来の自分」をつくる

断られたら営業は終わり？　いえいえ、全く逆です。断られてから営業が始まりです。

でも、多くの人は「断られた時の対応」で間違うのです。

携帯電話を法人向けに営業している東野さん（仮名）は、見積もりを出して2週間を経過した2社のお客様に、「先日の見積もりですが、結論はいかがでしょうか？」と、恐る恐る聞いてみました。すると、1社目のお客様から「注文します」と言われ、「ありがとうございます」（いい結論をいただけてよかった）と対応し、2社目のお客様からは「注文しません」と言われ、「ありがとうございます」（時間をかけて検討いただけたのだ）と言いました。

どちらのお客様に対しても感謝の言葉を返しています。

ここで大事なのは、「注文しません＝ノー」と回答し

たお客様に対する気持ちです。「何で、ノーと断るのだ、ふざけるな」と悪びれたりしてはいけません。心から感謝して欲しいと思います。

なぜなら、時間をかけて判断してくれたのです。**イエスだろうが、ノーだろうが結論を示す人は信頼していいのです。きっと、次の提案をすれば仕事につながる確率は高くなっているはずです。**

むしろ、悲しいのは「結論を先延ばしにする人」です。お互いにかけるべき時間が増えるからです。

私の経験の中にも、何回訪問しても、「もう少し時間をかけて検討したいので時間をください」と言うばかりで、結論をいただけないお客様がいました。熱心に通うこと1年。累計で30回以上もお伺いを立てました。それでも「まだまだ」としか答えてくれません。ついには結論をいただくことなく断念することになりました。

それから3年後。私は別の部門で管理職になり、まったく別の要件で、30回以上訪問した「あの会社」を訪ねたことがあります。

せっかくの機会と、懐かしさもあり、当時のお客様にも挨拶に伺いました。何と同じ部署で同じ仕事をされていました。しかも、私を見ると、「あの件だよね、もう少し時間をくれないかな」と話し出したのです。3年間検討していて、いまだに答えが出ないのでしょうか？　違います。検討をしていないのです。だから、同じことしか返ってこないのです（しかし、びっくりした体験となりました……）。

では、残念ながら結論がノーと出たらどうしたらいいのでしょうか？

もちろん、あなたの気持ちは少々がっかりしているはずです。まずはがっかりを忘れて、前向きになるきっかけをつくりましょう。

そもそも、営業の仕事はトーナメント戦ではありません。1回の商談がダメになったらすべてが終わりではないので、夏の甲子園よりも条件はいいのです。営業はあくまでリーグ戦。最終的に高い勝率を目指して、負けた時には、そこから何かを学ぶ機会を得たと考えればいいのです。

よくプロ野球の監督は、140試合を超える公式戦で戦うために大事なこととして**「すべての試合で勝つつもりになってはいけない」**と話しています。営業も同じで、全勝ではなく高い勝率を目指すには勝ちパターンをたくさん持つことが大事です。そこで、**ノーと言われた商談からは、次のことを振り返ってみましょう。**

・**何を学ぶか？**

・**次に活かせることはあるか？**

たとえば、提案した商品を見直すべきだったとか、競合の提案を意識するべきだったとか、そもそも自分のヒヤリングが甘かったとか、きっとあるはずですので、次に活かせることを探してください。それが見つかれば、断られても、「有意義な時間になった」と自信を持って、次に向かえるはずです。

一番かけがえのないものは「時間」です。仕事が取れたか、取れないかより、何に時間を使ったかを意識しましょう。たとえ失敗しても自分の成長があれば、日々の成果に一喜一憂しなくなるのではないでしょうか？

Point

実を結ばなかった商談から学ぶことができれば、時間のムダではない

Question

思うように売上が上がらず、目標達成が厳しそうです

Answer

先が見えない時期こそ、「将来に活きること」をする

何をやっても売上目標に届きそうにない……。そんな時は、ツライですよね。誰にでもそんな時期はあるのだと思いつつも、先が見えない時期が続くと、本当に悩みます。

でも、そんな時こそ、「将来に活きること」を積極的にやるようにしたほうがよいのです。

私にも「今回は無理かも」と覚悟した時がありました。私が以前に在籍していたリクルートは1988年に大きな事件の当事者になりました。値上がりが確実であった株式会社リクルートコスモス（現在は株式会社コスモスイニシア）の未公開株が、政治家や官僚、財界人らに「賄賂」として贈られていたというもので、当時の国会議員や大法人を巻き込む大事件へと展開していきました。この事件は戦後最大級の汚職事件と言われ、朝日新聞のスクープ報道によって発覚し、その後、新聞各社の報道

で世間が過熱していきました。

もちろん、営業もその影響をもろに受けます。「君たちとは付き合いたくない、契約は打ち切りたい」といったキャンセルの連絡が相次ぎました。

それでも当初は、とにかく必死で営業に奔走して、「世間をお騒がせしてすみません。でも、商品・サービスはいいものなので、よろしくお願いします」と注文を取って売上目標をクリアしていました。

しかし、一方では事件の影響にびびってしまい、「お客様に顔を出すのが怖い」と訪問ができない営業担当者もいて、営業部の売上は厳しい状況に陥ってしまいます。そんな状況で、私は「営業部の売上をすべて背負うつもりで売って欲しい」と当時の上司（その後はリクルートの役員にもなった人）にハッパをかけられて、20人分以上の売上を上げた時期もありました。

ところが事件が予想以上に長引くと、世間からの風当たりは強くなります。ある日、一番大きな取引先から、「これだけ大きな事件を起こした会社とは付き合えない」と1億円を超えるキャンセルが出たのです。売上の数字はマイナスに沈み、もはや売上目標の達成は不可能……と思える状況になりました。

当時、売上目標は3か月単位で設定されていたのですが、マイナス1億円のキャンセルがあったのは、締めの日まで残り半月の状態の時でした。「目標達成を諦めない」と宣言したいところですが、冷静に考えて「無理」としか考えられません。

その時、当時、仕事でよくお会いしていたベンチャー法人の経営者のことを思い出しました。きっと彼なら、表向きは「最後の1秒まで諦めずに打ち手を考えて、実行する」とカッコいい言葉を発するだろうが、本音では見切りも早くて次に向けた準備を怠らないはずです。

ちなみにその時の私の売上達成の状況は、先ほどのキャンセル分のマイナス1億円に加えて、元々の売上目標が1・5億円あり、つまり、「残り半月で2・5億円売らなければ目標達成ができない」状況に陥っていたのです。にもかかわらず、売上が見込める商談は次の2つです。

・確実に注文がいただけそうな商談が、5000万円
・注文の可能性が50％くらいある商談が、6000万円

つまり、合計すれば1・1億円は売れるかもしれません。

ただし、**来月以降も営業の仕事は続くので、新しい商談を仕込む時間をつくる必**

要がありますし、無理して結論を迫ると信頼を失ったり、足元を見られる危険性もあります。

こうしたリスクも踏まえて残り半月の選択肢は次の3つだと考えました。

①今月の売上をいかに上げるかに注力する
②来月以降のための新たな商談づくりに専念する
③この折衷案

私は②を選択しました。

ところが、中には3つのうちのどれでもない「やる気がなくなったので映画でも観よう」という選択をして、諦めて仕事を放棄してしまう人もいます。確かに売上目標と自分が置かれた立場が大きくかい離してしまうと「緊張感を持って仕事ができない」気分になるのはわかります。

でも、**ここでやる気をなくして仕事をさぼったり、逆に目先の小さな仕事ばかり拾い集めていたら、目標を達成できないだけでなく、負け癖ができ、いわゆる負のスパイラルに陥るだけです。**行き先が見えない状況に置かれた時こそ、明日を見つめて「将来に活きる仕事の準備」に勤《いそ》しんでください。

ところで、目標達成を諦めて次の3か月の蓄えをするべく行動を開始したところ、ある不動産会社のオーナーと出会う機会をいただきました。その方から、「世間から冷たくされたことは自分にもあるので共感するよ。仕事を1つお願いしよう」と、1億円のキャンセルをリカバーして余りある超大型の契約をいただき、売上目標を達成することができたのです。諦めないことの重要性も、改めて学ぶ機会となりました。

Point

「もうダメだ」と思ったら、「次回花が開く」行動をとろう

Question

ノルマのプレッシャーがきつくて めげそうになります

Answer

ゴールを決めて ゲームのように楽しむ

「ノルマがきつい」「目標へのプレッシャーに耐えられない」と感じている営業担当者は少なくありません。あなたは、どうですか？

会社によって、予算、ノルマ、指標などと呼び名は違いますが、達成に向けてのプレッシャーはそれなりのものがあります。

私が営業の現場で仕事をしていた時も、「売上目標に対するプレッシャーに耐えられない」と会社をやめていった同期の社員がたくさんいました。この売上目標のプレッシャーは営業職がキツイと感じる最大の要因であるのは間違いありません。

では、「プレッシャーを取り払うために売上目標をなくしてしまえばいいのではないか？」と考えたくなるかもしれませんが、目標のない営業なんて、私に言わせれば冷えたビールのないビアガーデンくらいに意味がありません。

そもそも売上目標とは、私は次のように考えています。

・会社の売上目標を個人に割り振ったもの
・従業員を養うために必要な収益を稼ぐための指標

いずれにしても会社の経営を維持するのに必要な収益を出すために、営業が背負わないといけない数字なのです。ですから、その売上目標に対して「こんなに大きな目標を割り振られても無理」と文句を言うのではなく、売上目標に到達できなければ会社がつぶれる、くらいの覚悟を本当は持ったほうがいいのです。**営業の売上目標は、会社を背負う責任からもたらされた数値です。その分だけ、プライドを持っていいのです。**

ただし、プレッシャーになってしんどいと感じる営業が多いのは事実で、それを少しでも軽減する工夫は大事です。ネットベンチャーとして知名度も高いサイバーエージェントの取り組みを紹介します。

その創業者であり、現在も代表を務める藤田晋氏はゲーム性を凝らした人事制度をつくることに長けています。たとえば、同社にはミスマッチ制度というものがあります。これは、次のようなものです。

・下位5%をD評価とする
・D評価1回でイエローカード、2回目でレッドカード

このように、2回目で部署異動または退職勧奨のいずれかを選択してもらう仕組みになっており、ある意味で成果の出ない社員に対する厳しい処置とも言えます。

普通であれば単なる降格・リストラを加速する仕組みとも言えますが、それがネーミングや発想で前向きに捉えられるものに変わるのですから驚きです。

サイバーエージェント社の仕組みは、人事制度に関するものですが、こうした工夫は個々の仕事に対する取り組みでも応用できる点がたくさんあります。

営業の仕事の場合、ときに大変なこともあるかもしれませんが、それを乗り切るために、ゲーム感覚、エンタメ感覚など、楽しくできる工夫をするとよいでしょう。

入社当時の私も、「売上目標なんて、なくなって欲しい」と願っていましたが、「売上目標の高さは期待値の表われだ。高ければ、それに感謝しなさい」と今となっては無茶苦茶だと思えるような理論で説得されていました。もちろん、心の底では「ただ大変なだけだよ」と感じていましたが、その高い目標から逃れる術はありません。

よって、それを受けとめつつ、頑張る気持ちを維持する工夫を自分なりに考えました。それは、次のように仕事をエンタメ化したのです。

・目標達成した時の「自分に対するご褒美」を考えておく

・達成に向かう経過をすごろくで表現して進捗を楽しむ

ちなみに当時在職していたリクルートは、高い目標を少しでも楽しく達成に向けて頑張れるように、次のような厳しいプレッシャーを緩和する工夫が仕掛けられていました。

・管理部門の社員が営業を応援するコスプレｄａｙ（着ぐるみや異業種の制服を着て、社員が盛り上げる企画）

・ダブルポイントｄａｙ（この日に契約を取ると売上をダブルカウントする）

広告代理店に勤務する前田さん（仮名）は、こうしたゲーム感覚の仕掛けには否定的で、常に「くだらない盛り上げ方に時間をかけるのはもったいない」と言っていましたが、上司に任命されて営業キャンペーンを仕切る立場になりました。

その内容は、月末に向けて売上を伸ばすためにチーム対抗で売上を競争し、優勝チームには会社から焼肉店へのご招待が準備されている、というものです。

前田さんは仕事として任されると責任感が強いタイプなので、意外なほど前向きに取り組み、「みんなでキャンペーンを盛り上げましょう！」と朝会で連呼したり、キャンペーンのポスターに自ら登場したりと大活躍しました。終了後には「こうした仕掛けは乗ったもの勝ちなのだな」と痛感したようで、その後は、営業の達成に向けたイベントにも積極的に参加するようになりました。

当初の前田さんのように前向きになれない人もいるかもしれませんが、やってみると意外に楽しい世界が待っていたりするのです。**「子供騙し」などと思わずに、積極的に「イベント」に乗っかってみてください。**自分が楽しくなれば、それは仕事にもプラスになります。

Point

営業は、ノルマの重さだけ、プライドを持てる仕事。でも、プレッシャーを軽減できる仕組みは積極的に取り込もう

Question

頑張っても頑張ってもうまくいきません……

Answer

結果が出ない時ほど楽観的になろう

仕事がうまくいかない時、何事も悲観的に考えてしまいがちになりませんか？

いくら提案をしても仕事にならない、ライバルに仕事を出し抜かれて、上司から「何をやっているのだ。もっとしっかりしなさい」と注意される――、そんなことが続いて、営業でお客様に会うのが怖い、結論を聞きたくないとネガティブに考えるようになってしまう時があります。

私もそんな時期を経験したことがあります。商談が10件続けて契約に至らず、社内でも売上が最下位に低迷して、気持ちがめげそうになりました。

不思議なもので、営業はうまくいかない時期があると、過去に売れていた自信なんて吹っ飛んでしまうのですね。

そんな袋小路でもがいていた時に声をかけてくれたのは隣の部署の営業部長です。

当時のリクルートは、営業なんて売れていなければ人間じゃない……くらいに結果第一主義の風土だったのですが、ただ1人、「営業に大事なものは人間力である。目先の売上のために小さな技を覚えるより教養を磨きなさい。文学を読むとか芸術に精通するとか……とにかく、人間力だぞ」としつこいくらいに営業に対して指導を重ねてくれた人がいました。その方は、のちにリクルートをやめて民間から中学校の校長になった藤原和博氏です。藤原氏は入社して初めて売れない状況に陥っている私を見て、声をかけてきました。

「結果が出ないことに悲観しても意味ないよ。そんな時にはパッと飲んで、負のスパイラルを捨ててしまうのがいいぞ」

そう明るくアドバイスしてくれたことで救われた気がしました。どうやら、悲観し過ぎて自爆していたのかもしれません。

考えてみれば、周囲の同僚やお客様は、私の営業成績がいいか悪いかなんて、それほど関心ないはずです。きっと、「売れている営業は元気で明るい」「売れていない営業はおとなしくて暗い」と、その態度で判断しているはずです。

売れている営業にはいい仕事が舞い込むものです。「だったら、売れていなくても明るく、朗らかに振る舞おう！」と決意しました。翌日から劇的に仕事がいい方向に転換したわけではありませんが、**明るくしているだけで徐々に仕事はプラスに転じていきました。**結局、その期は10連敗の後に1勝しただけでしたが、その後は負けと勝ちを繰り返しながら勝率は5割を超えていきました。やはり、明るい態度が勝因だったのでしょう。

このように考えると、営業の仕事で**「常に明るく、元気に振る舞うこと」**は、仕事をプラスに転換させる重要な手段であることがわかりますね？　ですから、仮に商談がダメになっても、お客様のクレームで心が折れそうになっても、頑張って明るく振る舞おうではありませんか。それができれば、きっと自分にいいことがもたらされるはずです。頑張って演じましょう。明るい営業を！

Point

うまくいかない時ほど、明るさを演じる！

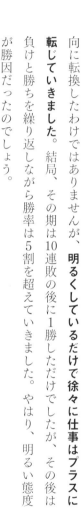

Question

「売れるかどうか」で人を判断している自分がイヤになります

Answer

折にふれて、立ち戻れる人を見つける

営業は、どうしても仕事になりそうなお客様に対して熱心に通うもの。ある意味で現金な存在かもしれません。でも、それも仕方ありません。会社は成果＝売上を期待しています。その期待に応えるために日々、街を動き回ります。

ところが動き回れる時間には限りがあります。「疲れを知らずに、いくらでもお客様を訪ねて回りたい」と意欲を持っていても、真夜中に訪問なんてできません。お客様との接触機会は法人営業なら、せいぜい朝の9時から夜は17時とか18時くらいまで。その時間帯に、「誰と会って、何を話して、どう仕事につなげるか？」と優先順位をつける必要があります。

ちなみに営業に与えられた時間も交通費も、売上をつくるための経費です。したがって、訪問するお客様に対する優先順位は、売上を上げられる可能性＝ポテンシャルに応じて行動するのが当前です。逆に売上につながら

ない人とばかり会っていたら、「営業としてやる気あるの？」と言われかねません。私も「仕事がありそうだと感じると熱心に訪問してくるけれど、仕事が終わったらさっぱりとしたもの。営業だから仕方ないけど、わかりやす過ぎるんじゃないの？」とお客様にからかわれたものです。

こんなふうに、売上目標に追いかけられていると現金な行動ばかりになってしまいがちです。ところが、**ビジネスチャンスとは不思議なもので、想定していない出会いから始まることがあります。**

広告代理店に勤務している清水さん（仮名）は、仕事の打ち合わせの帰りに懐かしいオフィスの前を通りました。新入社員時代に担当していた会社が移転して、自社ビルを建てていたのです。現在は担当していないので、そのまま通り過ぎようとしたのですが、時計を見ると次の商談の時刻まで2時間ありました。「せっかくの縁だし、電話して、時間が許すなら挨拶だけしよう」とビルの1階から当時の担当者である杉山さん（仮名）に電話をかけてみました。5年前は、まだ、商品知識が浅く、質問されても的確な回答ができず、「持ち帰って勉強してから答えさせてください」と頼りない状態でしたが、真面目に取り組む姿勢を評価してもらい、いくつもの仕事をいただけました。その注文が仕事に対する自信となったので、忘れられない存在だったのです。

杉山さんは電話に出ると「いや、懐かしい。連絡をくださり光栄です。30分くらいなら時間が取れるよ」と来訪を喜んでくださったので、オフィスに入り、2人で再会を喜び合いました。

「元気ですか？　少しは商品説明ができるようになったのかな？」とからかわれたりしながらも、**当時の話題にお互いの心が和みました。**

しかもその後、最近の仕事ぶりを共有していた時に、「そうだ、うちが買収した子会社でお願いしたいことがあるかも。よかったら担当者を紹介しようか？」と、取引先を紹介してもらえるというラッキーな機会をいただくことに。その場で担当者に連絡を入れていただき、後日訪問すると、この出会いが想像以上に大きな仕事をもたらすことになりました。本当に仕事はどこに転がっているかわからないもの、と痛感させられる機会となったのです。

あの時、清水さんには仕事を紹介してくれる予感があったのでしょうか？　いえ、決してそんなカンは働きませんでした。それより、自分の若き営業時代を知ってくれている、心知れた関係に触れたかっただけでした。でも、こうした「自分のことを知る存在」がいてくれることはかけがえのないことかもしれません。

営業は次の仕事につながるか否かで、人に会う優先度を決めがちです。基本はそれでいいのですが、迷った時、負のスパイラルを断ち切りたい時に、こういう方の存在は貴重なのです。

本当なら、職場では言えない相談を聞いてくれるくらいの深い間柄の存在がいればいいのですが、そこまでいかなくても、仕事の情報交換を気軽にできるような、気心の知れた存在がいると心が救われるのではないでしょうか？

仕事の訪問機会は合理的に優先順位をつけても、「基本的には」かまいません。でも、何か心のよりどころのような方は1人くらいいてもいいと思います。そんな存在になっていただける人が、これまでの経験の中にいないか、いただいた名刺を見返してみてください。意外な人が、その役目を担ってくれるかもしれません。

Point

心が折れそうな時、ふと立ち寄れる存在をつくっておこう

Question

ツライことが続くとやめたくなります

Answer

落ち込んだ後に感動が待っていた！

営業の仕事とは不思議なもので、ラッキーもあるけど、アンラッキーもバランスよくやってきます。ラッキーだけで常に高い業績につながるおいしい仕事にありつける職業ではありません。よって、**いい仕事が舞い込む時ほど、次に訪れるピンチを覚悟するべき**なのです。

広告代理店に勤務する林田さん（仮名）は、5年以上も担当している取引先が合併して法人規模が3倍に拡大し、おかげで昨年に比べて2・5倍以上の発注をいただくことができました。この業績は社内で高い評価を得て、ボーナスは同期で1番、さらに管理職への抜擢までされる幸運が続きました（プライベートならモテ期と同じ状況かもしれません）。

ただ、周囲では「あいつ自身の努力とは関係ない成功だ」とやっかむ声が出ていました。しかし林田さんは調子に乗って、「同期で一番仕事ができるのは自分」と途方もない勘違いを口にし、周囲の同僚からの妬みを増幅させていたのです。

でも、そんな幸運期は長くは続かないもの。反動は当然のようにやってきます。管理職になったタイミングで、2・5倍になった取引先は元の実績に戻りました。さらに業績低迷で取引を打ち切る得意先が続発し、林田さんが担当するチームは目もあてられないような惨憺《さんたん》たる成績に落ちていきました。

業績が下落すると、管理職の経験が浅いからでしょうか、「もっと売れ」「無理なら担当から外れなさい」と無茶な指示ばかりするので、部下のモチベーションは下がり、体調を壊す人も続出。人事部には「ついていけない」と告発までされていました。でも、そんな状況になっても誰も林田さんに手を差し伸べません。

つい1年前は華々しいスター気分であった林田さんは、社内で居場所がないくらいに追い詰められてしまいました。林田さんは「運に見放されたのか?」とつぶやきましたが、後の祭り。経営陣は「抜擢が早過ぎた」と、管理職から元の営業職への降格を内示しました。林田さんは運を活かすことができなかったようです。

このように、営業は自分の努力とは関係のない〝運〟によって仕事の成果がプラスやマイナスに作用することがあります。特に最近は景気の変動が激しいため、「円高の影響で仕事がなくなった」「海外旅行者が急増して仕事が増えた」などと、自分の努力より、環境による業績の変動するケースも少なくありません。

そこでアンラッキーに見舞われて、「運がない。ついていない。やってられない」と嘆く営業の声をよく聞きます。「努力しても報われない」のですから、気持ちはわかります。

ただ、林田さんの逆で**アンラッキーが続くのは、逆に幸運が舞い込む可能性が高まっている**とも言えます。たとえば、林田さんの同僚の宮田さん（仮名）は、仕事が丁寧でお客様の評判もよいことで社内では有名な存在でした。ただ、大きな仕事を強引に提案する馬力がないので、営業成績はいつも真ん中くらい。努力が成果に結びつかない、運がない人と惜しまれていました。

ところが、そんな宮田さんにも幸運が舞い込みました。長年、懇切丁寧にフォローしていた取引先から、「この仕事はぜひとも君にお願いしたい。ただ、社内的にはコンペが前提だから頑張って応援させて欲しい」と連絡があり、3社による大規模なコンペに参加させていただく機会を得たのです。しかし、ライバル2社は自社とは比較にならない超有名企業。社内では「戦う前から勝負が決まっているに違いない」「恐らく当て馬だろう」と噂する同僚もいましたが、それを気にせず、宮田さんはいつものように丁寧に提案書を作成してコンペに向かいました。

当日、ライバル2社は宮田さん以上に手の込んだ提案をしてきたようです。ところが、結果は「今回はおたくにお願いすることにしました」とうれしい、驚きの回答が返ってきました。

お客様からは**「これまでの仕事ぶりを加点して判断しました。期待していますよ」**と感動的な言葉をいただきました。宮田さんはやや涙目になりながら、仕事に対する決意を新たにする機会になったようです。

でも宮田さんは、林田さんのように浮かれた態度になることはなく、**「売上規模にかかわらず丁寧な仕事を心がける」と、変わらないスタンスで仕事に取り組んでいます。**こうした心構えがあれば、運で導かれたラッキーな仕事が舞い込んでも周囲は「日々の努力の賜物」と称えてくれるはずです。

Point

運がよくても悪くても、自分のスタンスで仕事に向き合い続けること

Question

運よくいい得意先にあたって成果を上げる同僚。一方、自分はアンラッキーなことばかり

Answer

「運」に頼る営業になってはいけない

前節で、「運」について話しましたが、「運に左右されるから、努力しても報われない」などと考えていないでしょうか？　運で導かれる商談もありますが、大半の商談は考える努力で導かれるもの。運だけで成果を継続することはできません。

営業として活躍するには、**「何回でも成果につながる、高い勝ちパターンを増やす（本当の実力を備える）」**ことが重要です。

勝ちパターンを増やすには、契約が決まって「ラッキー」と喜ぶだけでなく、注文をいただいた理由を冷静に分析しましょう。

- **横展開できるお客様を探せる状態にする（同じ業界で同じ提案ができるお客様を探せるようにする）**
- **他のお客様でも使える営業トークを見出す（気難しい相手が心を許してくれるきっかけになっ**

た言葉をストックしておく)

このように、うまくいった仕事の中で「次も使えること」を見出し、メモしておくのです。すると1年もすれば、**「商談で使うべき効果的な行動パターンをいくつも集めたバイブル」**が完成することでしょう。

ちなみにいくら分析しても勝ちパターンが見出せない時もあります。その場合には、**「運で導かれた成果は、あくまでアドオン(運に一喜一憂しない)」**と受け止めて仕事をしましょう。

運を実力に変えて、継続的に売れる営業になりたいなら、「勝ちパターン」を多く持つことです。勝ちパターンとしては、大きく3つあります。

① 優先度の高いお客様をすぐに挙げられる
➡ 与えられた時間を効率的に使い、最大成果につなげるセンス

② 初対面でも3分で仲良くなれる話術がある
➡ お客様から信頼を得るためのきっかけづくり

③ 商談をつなぐアクションプランが立てられる
➡ 仕事につなげるシナリオを常に想定しておける

勝ちパターンを持とう

1. 優先度の高いお客様をすぐに挙げられる
（顧客リストなど）
→ 時間を効率的に使う

2. 初対面でも３分で仲良くなれる話術
（話題の準備）
→ 信頼を得る

3. 商談をつなぐアクションプランが立てられる
（仕事につながる行動をリスト化）
→ 確実に仕事をGet！

この3つに関して自分なりに語れるくらいの勝ちパターンを持ちたいものです。

たとえば、こんなことから始めてはどうでしょうか？

「優先度の高いお客様を選定した仕分けリストをつくる」

「気難しそうな人に対しても、笑いを取れる話題を見つける」

「やるべきアクションをリスト化して確認を怠らない」


このように、何があっても揺るぎない仕事の仕方＝勝ちパターンを持っていると楽です。何か迷った時に戻ることができる原点になるからです。

ぜひとも自分なりの勝ちパターンをつくって、**「自分は自分の道を行く。周囲の雑音や運で心が揺らぐことはない」**と思えるようになってください。気持ちがスッキリとするはずです。

Point

「運」任せの仕事は、実力がつかない。

自分なりの勝ちパターンを増やそう

Question

仕事が好調！この波を続かせたい！

Answer

好調な時ほど、ネガティブに物事を考えよう

仕事が好調な時期は、いつまでもその流れに乗っていきたいですよね。でも、そのいい流れを自らのミスで壊してしまう人がいます。

リクルートの同期で、大きな仕事が舞い込むと、**アポイントを忘れてクレームを受ける、見積もりの金額を一桁間違える、**などとイージーな失態で仕事をダメにし、そこから業績が低迷する人がいました。本人も「調子が上がってくると、舞い上がってしまう」と自己分析していましたが、ミスは繰り返され、営業職として大成することはありませんでした。ユニークな提案をするセンスに長けていたので残念でしたが、そんな同期は自分にとって大いなる反面教師になりました。

仕事が好調に進む時こそ、「ネガティブに物事を考える発想」を持ちたいものです。たとえばあなたが、お客様を訪問して新商品の紹介をし、「いや、ちょうど、欲しかったものだよ」と想定以上にありがたい反応が返っ

てきたとします。でも、ここでちょっとだけ冷静になりましょう。そして、次のような不安要素を挙げ、それをつぶすための対策を考えてください。

・担当者の周囲に反対しそうな人がいないか

・価格面で折り合えない可能性はないか

・そもそも商品説明で十分に理解いただけているのか？

そして、それができたら、**「他に不安要素はないのか？」と、あと2回考えてみましょう。**この繰り返しで流れを断ち切ることなく、幸運を長引かせることができます。

仕事はいい話と悪い話が交互に来るもの。いい話だけ永遠に続くことなんてありえません。ただし、いい話が舞い込む期間がより長く続く努力をして、悪い話に遭遇する期間を短くすることはできます。迂闊《うかつ》なミスやチョンボをすると幸運は逃げていきます。足元をすくわれないために慎重になれるセンスを備えておきましょう。

Point

うまくいっている時こそ、「あと2回」不安要素を考えよう

PART-4

枠を外して「自分だけ」のスタイルをつくろう

自分次第で仕事は大きく変わる

Question

結局、営業の仕事とは何でしょうか？

Answer

モノやサービスを売る仕事の発想は捨てよう

営業はお客様のお手伝いをするのが仕事……と書いてきましたが、それでも最終的には何らかの商品やサービスを提案して注文をいただかなければ仕事にはなりません。ボランティアではありませんから、提案してお客様に売る（お客様からすれば買う）ことが成立しなければ、仕事をしているとは言い難いです。お客様は友達ではありません。仕事を通じてかかわる関係です。だとすれば、営業はお客様に何かを売ることで関係が構築されていることを忘れてはいけません。

だから、「担当して2年。何も仕事につながってはいないけど、プライベートでは一緒にご飯を食べたり、人生相談をしたり仲良くさせていただいているお客様がいる」と胸を張って発言する営業は失格です。仕事で何も注文をいただいていないなら、何とか提案を繰り返して仕事につなげようとして当たり前。仮にまだ仕事になっていないのなら、「いろいろと模索していますが、残念ながら力不足で仕事に至っていません」と、仕事につながらないことが後ろめたいくらいの感覚を持ちたいものです。

そんな意識を踏まえて、営業がお客様に売るものは何だと思いますか？

「商品・サービスを売るのが仕事」と答える人は、もう少ないでしょう。

では、「営業にとって大事なのは、まさに自分を売ること」という考え方はどうでしょうか？

自分を売るとは格好いいですが、そこまで自分に付加価値がありますか？　私は、それは言い過ぎだと思います。自分を売るなんて、はなはだ僭越《せんえつ》です。

私は、「営業がお客様に売るものは、課題を解決できる商品・サービス。その課題解決に最適なものを提案することが営業の介在価値」と考えています。

そうなのです。**営業はお客様の課題を解決するのが仕事なのです。いくら高級で、高性能な商品でも、課題を解決できないものを提案するなら営業として失格です。**

たとえばお客様から、「社内のコピーが壊れてしまった。現場からクレームが来ている。業務に支障が出ているので、一番早く納品できるものを手配してくれませんか」と依頼を受けたとしましょう。お客様の課題は社内でコピーが壊れて業務に支障が出ていること。恐らく、現場では「配布用の資料を夕方までにコピーしたいのに、このままでは間に合わない」と混乱しているかもしれません。まずは、それを解消することが重要です。

そんな時、営業はどうしたらいいでしょうか？

ここへ来て、「最大50枚の原稿積載が可能な自動原稿送り装置を標準装備して、カラーもモノクロも1分間に44ページ分の高速スキャンを実現できます」などと、いかに機能が優れているかを説明して提案するダメな営業は稀でしょう（さすがに、そこまで空気を読まない営業にはならないでくださいね）。

では、どうしたらいいか？　普通の営業なら、要求された「早い納品」に対応すべく、会社に戻って在庫を確認し、一番早く納品できる機種をお客様に伝えることでしょう。気が利く営業であれば、早く商品を納めるために倉庫から自分でお客様に持参するくらいのことはするかもしれません。

でも、これでお客様の課題を解決するための対応と言えるでしょうか？　もっとできる営業であれば、お客様の課題を2つに分けて考えるはずです。

・現場の混乱をどのように収めるか？
・一番早く納品できる機種で本当にいいのか？

もし、一番早く納品できる機種がお客様のオフィスで日常的に使うには大き過ぎる機種だったとしたら、お客様は後で余計な買い物をしたことに気づくはずです。

こんな時、営業は、言われたことを解決するには何が最善かを、冷静に判断することが求められます。

たとえば次のように、お客様の課題に対して冷静にベストな方法を考えて提案することができれば、できる営業としてお客様から高い評価を得られることでしょう。

「今日中に納品できる機種がありますが、それは御社にとって無駄の多い小型の機種ばかりでした。現場の混乱に一時的に対処するだけなら、御社の隣にあるコピーサービスで対応可能です。切り替えとして機能とコストで無駄のない機種は、3日後には手配できます。それまでには当社の中古機を1日だけ手配しますので、その対応でいかがでしょうか？」

整理すると、次のような形です。

・営業が売りたい商品を提案する＝ダメな営業

・お客様が欲しい商品を提案する＝普通の営業
・お客様の課題解決を提案する＝できる営業

単に商品を売るのではなく、課題解決に役立つ付加価値を見出して提案する意識を常に持ってください。

Point

営業の本当の仕事は「お客様の課題解決のための提案」をすること

Question

お客様ともう一歩よい関係をつくるには、どうしたらいいでしょうか？

Answer

相手の部下になったつもりで発言してみる

「君は僕のブレーンだ。いろいろ相談に乗ってくれ」とお客様に言われたらうれしいものです。「営業＝売り込みにくる外部業者」から、「ブレーン＝貴重な相談相手」へと、立場が一気に変わります。

私は若手営業時代、「ブレーンのような存在になると特別扱いされて羨ましい」と痛感した出来事に出くわしました。それは、入社2年目の夏。3か月かけて提案の機会を〝やっと〟いただけた、大手化学メーカーの部長との打ち合わせでのことです。

アポイントを取っていたにもかかわらず、「弊社のブレーンが急に訪ねてきたので、ちょっとだけ待っていてくれるかな」と、約束した自分よりもアポなしで来たブレーンを重用して1時間以上も待たされたのです。この待っている1時間は長く感じました。

さらに部長は戻ってくると、「ごめん、次の打ち合わせの時間が迫ってきたので手短にお願いできるかな？」と、ブレーンが割り込んだことでわずかな時間しかもらえなくなりました。顔も名前も知らないブレーンが恨めしくて仕方なかったことを強く覚えています。

「アポイントを取っていても、相手の重要度で後回しにされることがあるのだ」

この経験から営業としてお客様のブレーンのような存在になるぞと決意しました。

営業として売るだけでなく、「頼りにされる存在＝ブレーン」を目指すことは決して間違いではありません。ブレーンのような存在になれば、「ちょっと相談したいことがあるけどいいかな？」と相談が舞い込みます。そして、その相談こそビジネスチャンス。売り込まなくても仕事が飛び込んでくるのです。うれしいことではありませんか。

ただし、ブレーンのような存在になるのは簡単ではありません。ブレーンになるということは、お客様にとって次のような存在になるということだからです。

・営業とのアポイント＝優先順位が低い（営業が会いたい）

・ブレーンとのアポイント＝優先順位が高い（お客様が会いたい）
それだけの価値のある情報・見識などを備えていることが必須です。ブレーンと認知されるには普通の営業と同じ行動をしていたら無理なのです。

ちなみにリクルートでも求人広告の営業は、職場の上司から、「お客様から人材採用のブレーンと思われる存在を目指せ！」と言われたものでした。

では、ブレーンとはどんな存在か。当時、営業とお客様との関係には次の3段階があると理解されていました。

レベル1：（半人前）商品情報を提供するだけ
レベル2：（一人前）ニーズを聞いて商品を提案
レベル3：（ブレーン）お客様の課題を解決

レベル2を極めてもお客様からすれば自社の商品に詳しい営業の域を脱せません。

・自社商品にこだわらない課題解決が提案できる
・世間の動向を広くキャッチして情報提供できる

ブレーンになるためには、これくらいの仕事ぶりを期待されていました。少々具体的に書かせていただくなら、一人前の営業はリクルートの商品を的確に提案できるところまで。

一方、ブレーンなら、お客様の採用が成功するために、次のことができるくらいにならないと認めてくれないでしょう。

- **競合商品と冷静に比較検討して回答**
- **他社の取り組みを把握して情報提供**
- **今後の採用動向についてレクチャー**

要するに、営業としてかなり高いレベルの仕事ぶりが求められるのです。

さて、あなたは一人前の営業で満足ですか？　それとも大変な労力がかかってもブレーンを目指しますか？

単に営業として売れることだけを目指すなら、一人前の営業を最終目標に据えるのもありかもしれません。でも、それだと「ブレーンがやってきたら、後回しにされる存在」であることには変わらないのです。それでいいですか？　営業の仕事をするのであれば、お客様の課題を聞いて解決できる存在＝ブレーンを目指すべきだと思います。

では、あなたは何のブレーンになれるでしょうか？

たとえば、事務機器の営業なら、「業務を合理化するブレーン」を目指してはいかがでしょうか？　広告代理店の営業であれば、「マーケティングに関するブレーン」を目指すのもアリです。あなたが取り扱う商品・サービスから、どんな課題解決ができるかを見定め、目指したいテーマを定めてみましょう。その課題解決ができるようになれば、お客様から「よく来てくれました。相談を聞いてください」と重用されるブレーンになれることでしょう。

「自分がなりたい」と思っても、お客様からブレーンと認められるのは簡単なことではありません。たとえば、入社2年目で都市銀行に勤務する営業が、お客様に対して「私は金融業界のスペシャリストです。御社のブレーンとして扱ってください」と言い出しても、お客様が財務部長で勤務経験20年のベテランだとすれば「君より自分のほうが専門性は高いよ」と言われるだけかもしれません。残念ながらブレーンと呼ばれる営業になるにはそれなりの経験と時間も必要です。

でも、「今、ブレーンと呼ばれるのは無理かもしれないけれど、ただ売り込むだけの営業にはなりたくない」と、きっとあなたは思っていますよね。その気持ちを叶える方法が1つあります。それは**あなたがお客様の部下になってしまうのです。**

「会社をやめて転職しろと言いたいのですか？」と思うかもしれませんが、まさか本当に転職しろとは言いません。あくまで気持ち的な問題です。

あなたの視点を、次のように変えて欲しいのです。

・×自分の会社の利益だけ考える営業＝よそ者的存在

・**〇お客様の利益も考えられる営業＝身内的存在**

この身内的存在になることができれば、ブレーンにはなれなくても、お客様と対等な立場で接することができるはずです。

たとえば、次のような努力をした上でお客様に接するのです。

・**お客様の社内事情に精通している（「誰がどこに異動した」「退職した」など）**

・**社内の人間関係を把握している**

・**社内用語などローカルルールを知っている（社内でよく使う略語など）**

そうすることで、よそ者ではなく身内的な存在として、お互いの距離が近づくのは間違いありません。

ちなみにリクルートにいた時に、次のように、内輪の言葉を覚えて使ってくる社外の営業には親近感を持ったものです。

・役職者でもすべて「さん」づけ
・役員はT職、アルバイトはA
・住宅情報はJJ

当時、リクルートに出入りしていた事務機器営業の山本さん（仮名）は、オフィスでの社員同士の会話に注目して、聞き慣れない用語を耳にすると、**「すいません。JJって御社の何か事業部の略称ですか？」**と窓口である総務部の担当者に質問し、社内用語をいくつも知る機会をつくったようです。あるいは文具の取引をしていた営業担当の江口さん（仮名）は、**「御社の皆様と仲良くしたいので、社内でよく使うローカル用語を教えてください」と直球で質問していました。**仕事上の接点がある関係者に、このような質問をされて困ることもないですから、「いいですよ、じゃ、ランチでもしながらレクチャーしましょう」と丁寧に教えていただいたようです。

また、**「来週は営業にとって売上を締める週ですよね」**と社員の動きを把握されていると、相手に対する身内度が大幅にアップするのは間違いありません。

こうした工夫をすることでブレーンになる前に身内になれます。この努力は誰にでもできますので、ぜひともやってみてください。

最近は身内だからといって仕事が舞い込む時代ではないと言われますが、ライバルとコンペで競う時も、強味があります。

・お客様の課題を把握できている
・今後の目指す方向を理解している

つまり、的確な提案ができるはずです。

最後に簡単かつ高度な技を1つ紹介します。

私は営業としてお客様と話をしている時に、**「このサービスを導入したら我々にとって、大幅な業務改善になりますよ」**とわざと紛らわしい言い方をすることがありました。

さて、何が紛らわしいのでしょうか？

そう、「我々」とは誰を指しているか、ですね。

もちろん、「我々＝お客様の会社」のことを指します。普通なら御社と言わなくてはいけないところですが、あえて「我々」と言い、**「お客様の会社に対する思い入れの高さから出た言葉です。紛らわしい言い方をして、すみません」**と、営業として深くかかわろうとしている決意の表われとして、意図的に発言したりしました。

みなさんも試してみてください。想いはお客様に伝わるはずです。

Point

お客様の唯一の存在になりたければ、ブレーンになること。まずは、お客様の「部下」「身内」になることから始めよう

Question

何でもお客様の言うことを聞いていればいいのでしょうか？

Answer

お客様の言いなりになることは間違い

「お客様の言うことが一番」かというと、実はそうではありません。この疑問は数多くの営業担当者が感じているものだと思います。

先日、情報通信系企業のお客様サービスセンターの責任者から聞いた話です。

「20年以上前に購入いただいた機器が壊れて相談にいらしたのですが、保守期間が終了していたので新品の部品がなかったのです。それでも社員が探し回って中古の部品を見つけてお渡ししたところ、もの凄く喜んでいただくことができました」

こう、うれしそうに話をしてくれました。

その話を聞いて少々腑に落ちないことがありました。それは、「ところで新商品に買い替える提案はしなかったのか？」ということです。20年前以上前の製品ならば、また壊れて古い部品を探す手間が発生しそうなもの。だったら、新しく切り替える選択肢も提示すべきではないかと、ごく普通に思うのではないでしょうか？

そこで、この疑問をぶつけてみると、意外な回答が返ってきました。

「とんでもない。お客様は壊れた商品を元に戻してくれと言っているのです。新商品の提案などすることはありえませんよ。お客様が求めていないのですから」

このセンター長にとって、大事なことは「お客様からの要求」だけで、「こちらからの提案」は余計なお世話と認識しているのでしょう。

でも、これが正解なのでしょうか？　お客様が欲しいものを単に提供するだけならネットとコールセンターで対応すればいいはずです。

営業があえて訪問して、お客様との間に介在する意義は、次のようなことではないかと思います。

・お客様が気づかない価値を提供する

・お客様が迷った時に背中を押してあげる

それができるから営業はお客様から頼られる、信頼される存在になれるのではないでしょうか？

この場合、「お客様からの要望の奥に潜む、本当の課題を解決すること」を目指して、**「この機会に新しい商品への買い替えはご検討できないでしょうか？」**とセカンドチョイスを提示するべきでしょう。

お客様は自分が求めているものを完璧に伝えられているとは限りません。

あるアパレルの販売員が話してくれたことです。

「黒い服が欲しいと要求してきたお客様だからといって、黒い服だけを提案するのは二流の販売員。一流の販売員はお客様を見て似合う柄を提案します。結果として黒じゃない服を購入いただく確率はかなり高い」

お客様は自分の欲しいものを確実に伝えられていないことがよくわかる話です。

私も同じような経験を何回もしたことがあります。

「とにかく予算がないから、初期費用の安いシステムが欲しい」と価格が安いことを第一条件とする提案を要求してきたシステム部長がいました。それを受けてライバル会社からは超お安いプランの提示がありました。しかし、こちらは、その価格に追随した提案は難しい状態だったので、最後のあがきとして何か違う切り口から提案ができないかと頭をひねったところ、今までその会社が購入してきたシステムの運用実績から1つのプランを思いつきました。

「部長。これまでは、安いシステムを優先的に導入して、後から追加でコスト負担がかかるケースばかりだったと存じます。そこで初期コストは高いですが、3年間

お客様の言いなりになってはいけない

二流の営業（販売員）

一流の営業（販売員）

お客様の想像を超える提案をしてこそ意義がある

のトータルコストで費用が下がる提案を準備いたしました」

その会社は、当初は安いものの、後から追加で費用のかかる「安物買いの銭失い」的なシステムを購入していたので、問題点をずばり指摘してお客様の要望と反対の「初期費用は高いけど、追加費用が一切かからないプラン」を提示したのです。

当初、相手は、「キツイ一言だね。ただ、ご指摘は事実。うちの要望とは真逆な提案だけれど、結果として効果が大きいのはわかった」と話していましたが、最終的にライバル会社の提案を退けて、当方の提案を採用いただくことができました。まさに土壇場からの大逆転です。さらに、「君からの提案は当社の要求以上のものだったから採用させてもらった。これからも我々が気づかないところに先回りした提案を期待しています」とお褒めの言葉までいただくことができました。

ここからわかるのは、次のことです。

・言われたことに応えること＝当たり前の営業
・気づかないことを提案する＝できる営業

だから、言われたことをそのままこなす前に、**「言われたことを、そのままやればいいのか?」「お客様が気づかない別の提案はないのか?」**と一旦、要求された内容から頭をひねる習慣をつけてみてください。それでも「お客様の要求通りにこなすのがベスト」と思えば、そのままでいきましょう。

別の提案ができそうと感じたなら、お客様の要求と真逆であったとしても、勇気をもってセカンドチョイスを提示してみましょう。その勇気からお客様との新たな信頼関係が生まれるかもしれません。たとえば、「お客様のご予算の範囲内だと、このようなプランが可能です。ただ、お伺いしたご要望に対応したベストなプランとして50万円追加いただけると相当魅力的な内容になりますが、いかがでしょうか？」などと話してみます。

パターンとしては、次の3つの視点で考えてみるとよいと思います。

- **予算に縛られない「もう1案」を提示してみる**
- **世間的に人気のプランも参考に提示してみる**
- **あえてご要望と真逆なプランを比較対象として提示してみる**

あなたも自分なりのセカンドチョイスを考えてみましょう。

Point

お客様の要求をひとひねりして期待を超える提案をしよう

Question

お客様に頼られるために、どんな営業を目指せばいいでしょうか？

Answer

「真面目」なだけの営業から抜け出そう

営業としてお客様からお褒めの言葉をいただくのはうれしいものです。

あなたは、どのように褒められるのがうれしいですか？

「真面目だね」

「熱心で感服する」

「言われたことをキッチリこなしてくれる」

入社1～2年目に、私もこんな褒め言葉をお客様からよくいただきました。これはこれでうれしいことです。ただ、そんなうれしさを吹き飛ばす出来事に遭遇しました。当時の上司に営業の同行をしていただいた時に、お客様から「高城さんは熱心で大した営業ですね」とお褒めの言葉をもらった帰りのことです。

上司の前でお客様から褒められればうれしいに決まっています。そんな帰り道に、「お前は今の営業スタイルに満足してるのかい？　それでは小さい、小さい」

こう上司に言われました。さらに、続けてこうも。

「いいか、俺の元部下を紹介するから、そいつの営業について行って勉強してこい」

こうして、別の部署にいる2つ年上の先輩を紹介されました。当時の自分は社内では売上額で負けることがない営業トップの成績を出し続けていました。少々天狗になっていて、「勉強になる先輩など社内にいるはずない」くらいの上から目線で上司に紹介された先輩を訪ねました。すると、その先輩は営業らしからぬ雰囲気を漂わせた人だったのです。

・人の目を見て話さない
・挨拶しても答えてくれない

「こんな人から何を学べるのか？」と疑いの眼を向けながら、「営業に同行してこいと言われました。よろしくお願いします」とやや対決姿勢の出会いとなりました。


でも、その先輩と実際に営業同行をしてみてビックリしました。

「いや、待っていたよ。聞きたいことが山ほどあるのだよ」

とお客様と会うなり、相手から質問攻勢です。

・国立の学生を採用するにはどうしたらいいのか？
・インターンはどのような仕組みなのか教えて欲しい
・留学生を採用したいと思うが、意見を聞きたい

先輩は、その質問に1つひとつ丁寧に答えた後に、こんな話を始めました。

「これからは働きやすい会社ではなく、働きがいのある会社であることを目指すことが、いい人材を採用するカギとなります。いいですか……」

先輩が説明する言葉をお客様が丁寧にメモする姿が印象的でした。そして、最後にお客様に私のことを紹介してくれたのですが、するとお客様は、「いつも教えてもらっています。やはり、時代を先取りした話が聞けるから凄い人だと思う。たまに、アポイントに遅れたり、提案書の社名を間違えたりするけど、ご愛嬌と思ってお付き合いさせていただいています。あなたもいろいろ教えてもらうといいですよ」と私がお客様からいただくものとは違った褒め言葉を耳にしました。

・時代の先を行っている
・発想が斬新
・普通は思いつかない提案をくれる

お客様はこう言っていたのです。自分がいただいているものよりワンランク以上

もレベルが高い褒め言葉が並びます。当然のように「先輩のような褒め言葉がもらえる営業になりたい」と思いました。

当時の私は、「お客様から相談をもらう機会が意外に少ない」と考えており、心のどこかで、「熱心とか真面目と褒められるのから卒業したい。それだけの評価ではお客様との間に自分が超えられない壁がある気がしてならない」と感じていました。

反対に先輩の営業スタイルだと、仮に多少訪問機会が減っても、勝手にお客様から相談が舞い込む土壌ができあがっています。つまり、営業として代わりのいない存在感を示しているのです。

できれば、もっとお客様から相談を受ける営業になりたい。とすれば、お客様より、一歩、せめて半歩は先を歩いている存在にならなければ無理なのは明白です。そこで、翌日から先輩のような営業スタイルを身につけるために、いろいろと口実をつけて会っては「その秘訣を盗む努力をした」ものでした。

一番参考になったのはお客様に対する**情報発信力の磨き方**です。何を情報ソースにしているのか、一緒に飲みながら探っていると、**「新聞に掲載された情報では遅い。**

俺は仕事で必要な業界の情報を早く入手するために新聞記者と仲良くしている」と教えてもらったので、即実行しました。半年後には、「これからの時代は中国とのビジネスで活躍できる人材の確保ですよ」と偉そうな営業を開始しました。当初は「君に言われても意味がない」と冷たく突き放されたこともありましたが、徐々にお客様からの相談が増えていきました。

ブレーンの項目（119ページ）でも言及しましたが、次のように、同じ営業でもお客様から見た立ち位置が随分変わります。

・真面目が売りの営業＝任せた仕事をこなしてくれれば十分
・時代を先取りしている営業＝いろいろと相談をしたくなる存在

できれば、あなたもお客様から相談をしたいと思われる営業になって、仕事の幅を広げてください。

Point

情報発信力を磨いて、お客様のほうから相談される営業になろう

Question

ライバル社の商品について聞かれたら、どう対応すればいいでしょうか？

Answer

自社の商品だけが、お客様にとっての商品ではない

営業の仕事は自社の商品・サービスを売って、売上・利益を生み出し、会社に貢献する仕事です。だからでしょうか、頑なに自分が売りたい商品の営業に徹する人がいます。

たとえば、会計ソフトの営業をしている山下さん（仮名）は、自社の商品に対する自信と誇りを人一倍持っています。「うちの商品は世界一。ライバル会社とは開発力が違う」と飲みながら自社商品について熱く語るくらいです。ところが、その熱意が裏目に出てしまうことがありました。

ある日、山下さんは、取引先から次のような質問を受けました。

「今度、クラウド対応のできる会計ソフトを子会社

で導入したいと考えているのだけど、お宅にはありますか？」

残念ながら山内さんの会社はクラウド型のサービスは商品開発が遅れていて、1年後にサービス開始の予定となっています。そこで、山下さんは、「当社にはクラウド対応の商品はございませんが、1年後には満を持してリリース予定のサービスがございます。そちらでいかがでしょうか？」と事情を説明しました。

すると、取引先は「1年は待てないよ。じゃ、今回は他社のサービスで対応しておくよ。ちなみに、山下さんから見てお勧めのクラウドサービスってありますか？教えてください」と時間がないので別の会社で検討する旨を伝えました。

山下さんは、いきなり顔を赤くして、「クラウドなら当社のサービスです。現状でお客様が満足できるサポート体制のある企業は1社もありません。だから、今すぐの導入は控えてください。お願いです。当社のサービスができるまで待ってください」と懇願し始めたのです。

これにはお客様もあきれ顔になって、「だから、時間がないと言ったじゃないか。当社の親会社はすべて御社のソフトを使っているじゃないか？　そこまで他社を悪く言うことないいんじゃないかい？」と機嫌を大きく損ねることになりました。

それでも山下さんは「当社が一番」とのスタンスは変えません。ついにはお客様も怒り出して、以後はライバル会社に注文が流れる羽目になってしまいました。自社商品を愛する気持ちは大切ですが、それを真正面から出し過ぎると裏目に出ることもあるのです。

ちなみにお客様が期待していたことは、自社商品がいかに優れているかを語る姿ではなく、**「現在の課題を解決するには、どのような方法があるのか？　客観的な視点からベストチョイスを提示すること」**だったのだと思います。

だから、今回の質問に対しては、次のような感じの提示ができればよかったのです。

「現在、リリースされているクラウドのサービスで導入をお決めになるなら2社のうちどちらかではないでしょうか？　ちなみに1社は価格が安いですが、サポートは不安。もう1社は価格がやや高いですが、サポートはそれなりにできるはずです」

そうすれば、お客様の心は離れることなく、きっと次のように思われたことでしょう。

・今回は他社にお願いするけど、アドバイスに感謝したい
・次の機会には山下さんにお願いしよう
こうなると、お客様との信頼は大きく高まっていたことでしょう。

このように、今は販売につながらなくても、信頼を勝ち得ることで、次で仕事につなげる大事なポイントがいくつもあります。
たとえば、自社で対応できない他社の商品の評判を聞かれたとしましょう。その時に「当社の商品以外はよくわかりません」と冷たく突き放すのはいかがなものでしょうか？
もちろん、ライバル会社の商品についてむやみな情報をコメントするのはリスクもあります。ただ、**客観的な情報だけでも調べて提供するとか、比較的優れている点をコメントすることならできるはずです。**

大事なことは**商品が売れないからといって、信頼を損ねる対応をしないこと。**結局は、そうした場面の対応が次の仕事につながってくるのです。
営業の仕事は合理的なようでいて、お客様との信頼関係を積み重ねないといけない地道な活動も求められます。商品の魅力だけでなくあなた自身を売り込むことも大事ですよ。

Point

販売につながらなくても、丁寧な対応であなた自身を売り込もう

Question

上司は「とにかく訪問しろ」と言いますが、数だけをこなす営業に疲れてしまいました

Answer

仕事を前進させる「有効訪問」にこだわる

営業の仕事は「お客様に会ってなんぼ」と言われます。事実、お客様と対面でコミュニケーションをしないならネットとコールセンターで十分なはずです。営業はお客様との訪問機会に介在価値を提供することが求められるのです。

これをお客様の視点から考えると、次のようになります。

・気づかないことを提案してくれる
・迷った時に相談に乗ってくれる

しかし、一方で会社の視点から考えると少々違っています。

たとえば、いざ訪問してみて、次のようなことがないとしたらどうでしょう？

・商談が前進してゴール＝契約に近づく
・次の仕事につながる信頼を獲得する

それは無意味な訪問となるわけです。

「いいから訪問件数を増やしなさい」と訪問の中身は無視して数字をマネジメントする上司もいます。この発想は営業できる時間が無尽蔵にあればいいですが、勤務時間も厳しく管理される昨今においては時代遅れの考え方になりつつあります。

たしかに、お客様と面会できる時間帯は限られています。ある製薬会社のMR（医薬情報担当者）に聞いたところ、「大病院では先生と面会できる時間は1人あたり15分と制限があるのです」とのことです。

もし、与えられた時間の短さを忘れて「お互いに名古屋出身でドラゴンズファン。監督の采配の巧拙で盛り上がったところでタイムオーバー」になったとしたら、訪問機会としての意味はありません。

その15分間でお互いの人間性がわかって次から仕事がしやすくなったとか、先生の考える医療について理解が深まったとか、新たな成果がなければ【無意味】だったと決めつけたほうがいいでしょう。

つまり、**訪問には有効性があったか否かを検証し、有効性の高い訪問にこだわるべきです。**

たとえば次のように、商談が明らかに前進しているのであれば、成果アリです。

・提案するための情報が入手できた
・提案内容を十分に理解いただけた
・競合との比較検討で優位に立てた

しかしそうでなければ、有効訪問としてカウントしない勇気を持ちましょう。

有効訪問を増やすためには、次のことが大事です。

・アポイントを有効訪問にするための準備（お土産）

・用意すべき営業トークについてシナリオを考える

「お土産」といってもお菓子とかおせんべいのことではありません。商談場面で話題が盛り上がる、提案内容の信ぴょう性を深める、お客様が検討する際の参考になる資料等のことです。たとえば、会社でつくっている営業向けの資料でも、次のような工夫をすることで、オリジナル性のあるお土産に変身します。

・気になるポイントにマーカーする

・自分なりのコメントを加える（「同業他社で注目度の高いテーマです」など）

あるいは、提案した商品を取り上げている雑誌や新聞などを購入して、同じようにポイントにマーカーを塗ったり付箋を貼ったりするだけで、営業としての信頼度が変わり、有効訪問となる可能性が大きく高まります。

大切なのは訪問数を増やすことより、工夫して有効訪問の率を向上させることです。たとえば、「月30件の訪問を60件にする」ではなく、「現在は50％しかできていない有効訪問を70％に上げる」と行動目標を掲げて、そのための具体的な事前準備をしていくのです。商談が注文につながり、大きな成果を導くのは間違いないでしょう。

Point

訪問件数を増やすのではなく、有効訪問件数を増やすことにこだわろう

Question

力を入れるべきお客様とそうでないお客様を、どう見分ければいいですか？

Answer

礼儀正しい「ありがとうございます」に要注意！

仕事上で会う相手に対しては感情をあからさまにはしないものです。特にネガティブな感情は隠そうとします。

たとえば、商談の場面で「もう二度と会いたくない」と感じていても、「いろいろ勉強になりました。ありがとうございます」と礼儀正しく答えてくれるお客様も少なくありません。仕事上の出会いですから、何かの縁で再び出会うことがあるでしょう。よって、失礼がないようにお引き取りいただくための礼儀とも言えます。

一方、営業はお客様の反応から、次のどちらかを見極めたいものです。

・これは関心がありそうだ、期待が持てるぞ
・どうやらやる気がないみたい。諦めるしかない

ところが、「仕事になりそう。手ごたえがありそうだ」と誤解するような曖昧な反応をいただく場合

があります。

それが、礼儀正しい「ありがとうございます」です。

私の場合は、お客様から「この商品をもっと具体的に見たいな」「具体的な提案をもらえないかな?」と**具体的な依頼をもらった時のみ「前向き」と判断します。**いくら礼儀正しく「勉強になりました」と言われても、それだけなら「後ろ向き」と決めつけてしまいます。この感覚はかなり高い精度で当たると、これまでの経験から確信しています(でも、後ろ向きだから諦めろとは言いませんよ。それを踏まえて次の行動をすればいいのです)。

ところが、「ありがとうございました」「勉強になりました」を前向きな反応と取り違えてしまう営業がたくさんいます。その取り違えはお互いにトラブルを巻き起こすこともあります。

たとえば、人事システムの営業をしている高橋さん(仮名)が総合商社の人事部長を訪問した時のことです。高橋さんは知人からの紹介で人事部長にお会いする機会をいただきました。

「大手企業の人事部長に会えるなんて、貴重なビジネスチャンスだ」と、高橋さんは気合十分。準備万端で最新のサービスについて懇切丁寧に説明をしました。すると、相手も本当に真摯な態度で話を聞いてくださり、「この仕組みは面白いですね。どうなっているのですか?」などと熱心に質問してくれます。さらに帰り際には、「いろいろ勉強になりました」と頭を下げていたので、高橋さんは「これは仕事につながる」と確信し、「よし、すぐに具体的な見積もりを持参しよう」と急いでまたメールをしました。

しかし、反応はゼロです。その後、紹介をいただいた知人から連絡があり、「ご紹介があったのでお会いしたけれど、具体的に興味がある話はなかった」との人事部長のコメントを聞かされました。商談で会っている時には興味があるとしか思えない言葉を発していたので、真逆な結末に、高橋さんはガッカリしました。

ただし、反省のために商談のことを振り返ると、相手にいくつかの気になる行動があったことを見逃していたのに気づきました。それは、次のことです。

・時計を何回も見ていた

・面会が始まって30分後に部下がメモを持ってきた

・**時折腕組みをしていた**
・**口元の表情が硬かった**

これらは要するに、自分に対して心を許していない、つまり商談から解放されたいというシグナル（態度・表情）です。これに気づかなかったのは、高橋さんにとって大いなる反省の機会となったようです。

このように、仕事で面会している相手に対しては、「いい加減に商談を終わらせてくれ」「聞く気がないのにわからないの？」と思っていても、表面的には柔和な姿勢を示すものです。ただ、それでも本心を表わすシグナルは見せるので、それに気づいて対処したほうがお互いのためです。

ほかにも、先ほども登場した腕組みなどに加えて、次のようなシグナルに気づいたら、言葉と気持ちが裏腹かもしれないと思ったほうがいいでしょう。

・**目をそらす、目が泳ぐ**
・**姿勢が斜めになる**
・**机をトントンたたく**

その原因は何かを考えて、挽回のための策を講じてください。

ちなみに、お客様が「もう終わって欲しいな」と思いたくなる時は、こんなことを考えています。

①何を言っているのかわからないぞ（早口だったり、言葉が難しかったり）

②あまり関心がないテーマだぞ（優先順位が低い、自分の担当外の話）

③話していてむかつくぞ（失礼な発言・態度・言動に対する憤り）

ただし、挽回しようと思って、「説明が難しくてわからなかったでしょうか？」「私の言動や態度に対して嫌悪感とかお持ちですよね？」と直球で聞いたとしても、「そんなことないですよ」と言われるのがせいぜい。後から、「あいつは営業としてセンスがない」と一刀両断されるだけでしょう。

そうならないように、ネガティブな感情を何気なくリカバーするのが大事です。たとえば、次のように、ネガティブ要因を払拭できそうなアクションをとってみてください。

・**ゆっくり話してみる（わかりやすくするため）**

・**わかりやすく図にまとめる**

・**相手を褒める（褒められればうれしいもの）**

こんな態度に要注意!!

時計を見る
部下がメモを持ってくる
腕組みをしている
口元が硬い
目をそらす、目が泳ぐ
姿勢が斜めになる
机をトントンたたく

このように相手の気配に合わせて対処する姿は、相手からすれば、気の利く奴と思われる可能性が大です。くれぐれもシグナルを見逃さないようにしてください。

Point

「関心がないシグナル」を見逃さず、フォローしよう

Question

新製品で
ものすごく性能もよいのですが、
売れません。なぜでしょうか？

Answer

商品知識より
他のお客様の反応を伝えよう

「いい商品（サービス）なのに、なぜ売れないんだろう」。営業をやっていると、そんな疑問にぶちあたることは、少なからずあるものです。

でも、私のこれまでの営業経験から感じることは、「いいものだから買ってください」は正論のようで意外と通じないロジックです。その理由は、お客様は「いいものであっても、他の誰かが使っていないと不安」だと感じるものだからです。

お客様には、「誰よりも先に買うことに対して、なぜか躊躇する意識」が潜在的にあるのです。逆に言えば、「どこかの雑誌で掲載されていた人気商品」とか、「芸能人がブログで紹介していた人気アイテム」を買いたくなりやすくなります。自分の目で判断するよりも、相対的な評価が大事なのです。

つまり、**「商品としての魅力は周囲における評判も影響する」**のです。

最近、個人消費においては、「人と違うデザインのほうが個性が出て素敵」などと感じる人も増えてきましたが、それはあくまで個人消費での話。会社で何か買うとなると、相変わらず〝誰かと一緒〟が主流です。

なぜなら、会社で買うためには決裁が必要だからです。面倒でも買う理由が明確でないと決裁が下りないのです。ちなみに、一番簡単な「買うべき理由」は、今より安くなることです。これなら決裁は意外と簡単に下り、人間関係が構築できていなくても買ってくれるケースがあります。ただし、そうでなければ、決裁をもらうのは大変です。ただ「性能が上がりました」とだけ言われても、相手は「決裁者に『今使っているもので十分』と言われるから、難しい」と感じるでしょう。

そんな苦労を痛感している営業を1人紹介しましょう。システム会社に勤務する和田さん（仮名）は海外からライセンスを受けたばかりの最新システムの紹介をお客様にしたところ、「このシステムは何社くらい導入しているの？」と質問されました。そこで和田さんは、「はい、米国では3000社以上の導入実績があります。ただ、国内では今月から営業が開始になったばかりなので実績はまだありません」

と回答しました。米国の実績があるので安心です……と伝えたかったのです。しかし、「そうですか。うちの会社は石橋をたたいて渡る社風なので、国内で、ある程度実績がないと検討はできませんね」と断られてしまいました。

その後も営業に回りましたが、どこも同じように、「国内での実績は何社ありますか？」「同業での導入実績を教えて欲しい」と同じ質問をしてきては、「時期尚早だね。ある程度実績が出たら話を聞かせてください」と言われて追い返されてしまいます。海外ではかなりの実績がある優れたものなので、自信を持ってお勧めしているのに、お客様としては、国内の実績がない＝不安としか思えないのでしょう。

「これだけいい製品なのに信用してくれないとは悲しい」と途方にくれる和田さん。これは営業していて、よく遭遇するシーンじゃないでしょうか？

ここで知っておいて欲しいのは、お客様は、次の理由だから飛びつく、とは限らないことです。

・新しい高性能の製品
・海外の最新鋭の技術

むしろ逆で、慎重に様子を見てしまうことも多いのです。その理由は、「後悔すること」が怖いからです。

「新しいものに飛びついてみたら、まだ改良中で不具合ばかり」

「使ってみたら、話と違っていた。おかげで上司から叱られた」

こんなふうに、目新しい商品を注文した時に、後悔する可能性がわずかでもあるなら「避けよう」と防衛本能が働くのです。お客様がこのような判断基準を持っていることを忘れてはいけません。


目新しい商品・サービスをどうしても売り込みたいなら、**《今すぐ買っても後悔は絶対にない》**という根拠を提示するのがベストです。でも、それを断言するのは難しいと思います。そこで、こんな方法はいかがでしょうか？


「同じ業界で複数のお客様が検討をされています」

「この地域で相当な法人に興味を持っていただいています」


とお客様の周辺にいる人の情報を提供してみるのです。すると、恐らく次の3パターンのどれかで反応してくるでしょう。

①ライバルに負けることはできないから、検討する
②ライバルが導入するなら、その様子を見て検討する

③ライバルが導入するなら、別のシステムを検討する
できれば①の反応になるといいですよね。

いずれにしても、「いいものだから買ってください」と言うだけでは、お客様が意思決定するには決して十分ではありません。背中を押すような決定要因が必要です。それを提供できることこそ、売れる営業の極意なのです。

Point

お客様が安心して決めていただけるご提案と情報を伝えよう

Question

コンサルタントを目指すなら、営業の仕事が役立つと聞きました

Answer

コンサルとコンサルティング営業は、似ているようで違う

以前に、『営業マンはコンサルタント！』（ＰＨＰ研究所）というビジネス書を書かせていただいたことがあります。「これからの営業は、顧客の会社の問題点や課題を解決し、事業活動をサポートするコンサルタント的な仕事が求められるだろう」と始まり、モノが売れない時代に、お客様にとって営業の付加価値を高めて仕事につなげる重要性を提唱した1冊です。ここで言うコンサルティングは「売上を上げる」のが目的ではなく「営業としての価値を高める」手段のことです。先方から、「ここまで相談に乗ってくれるのだから、仕事をお願いしたい」と思ってもらうことを目指しています。

その意味で、コンサルタントと営業は似た部分もありますが、役割は違います。

たとえば、システムコンサルタントとは、「顧客の業務内容を分析して、ぴったりのシステムを企画し、設計

を行なう人」です。

お客様の会社が抱える様々な課題、たとえば電子決済を行ないたいとか、社内資料をペーパーレス化したいなどの課題を解決するために行ないたいこと＝「要求」をヒヤリングし、その要求を実現するための解決方法を整理して、お客様に提案して対価＝報酬を得る仕事をしています。場合によっては、「じゃ、そのシステムをつくってください」という注文を受けて、つくる責任者ともなりますが、基本的には「解決方法の提案」が売上になります。

では、営業はどこが違うか？　仮にシステムを売っている営業であれば、お客様の要求をヒヤリングするところまでは同じですが、**「解決方法を提案」＋「商品やサービスを提供」することで売上になる**のが仕事です。

つまり、コンサルタントと営業の違いは、**「解決方法の提案自体に報酬を得るか否か」**です。

営業は解決方法を示して、最終的に商品・サービスを売ることが「落としどころ」としてあります。

たとえば、ある輸入ワインの営業がお客様から「最新のワインの動向を教えて欲しい」と依頼されて、いろいろと情報は提供したのに自分の会社から1本も買ってくれない状況が続いたとしたらどうですか？

営業としてみれば、無料コンサルだけが続けば仕事としてしんどいのは事実です。営業にとってお客様に対してコンサルするスタンスは大事ですが、いつまでも売上が立たない状況は避けたいのが本音ではないでしょうか？

このジレンマは営業なら誰でも陥ることです。お客様に喜んでもらうために、客観的な視点で情報提供して、コンサルタントやブレーンのような立場になりたい一方、ブレーンの役割だけで注文がなければ、「格好ばかりつけずに、営業らしく売り込んでくれ」と上司からお叱りをいただく可能性も大です。それゆえ「やっぱり、営業よりコンサルタントになったほうがお客様に喜ばれるはず。転職しようかな？」と悩んでいる声を聞くこともよくあります。

このように説明をすると、コンサルタントは公平で、営業は自分の商品だけ売り込む不公平な存在のようにも思えます。でも、それは必ずしも正しくはありません。

コンサルタントに頼めば、解決案を知るために費用＝コストが発生します。たとえば、輸入ワインの営業が「フランス産の赤ワインで1本あたり2000円以下で飲めるおいしい銘柄には何があるのかな？」とイタリアンレストランのお店から質問を受けたとしましょう。ここで、コンサルタントなら、「フランス産で2000円以下のワインの人気を調査したデータがあります。この調査データは50万円でご提供できますが、いかがでしょう？　個別にフランスまで調査に出向くとなると300万円以上かかります」と簡単な質問でも有料となる可能性が高いでしょう。

　これが営業であれば、「フランスで人気のある銘柄が2種類あります。ただ、この銘柄は当社で扱っていません。似たような味わいでお手軽な赤ワインがチリ産でありますので、それならご提供できますが、フランス産がよろしければ輸入している会社をご紹介いたします」と無料で情報が提供されます。その意味でお客様から重宝されることは多いはずです（ただし、何が何でも自分の商品を売りたいと間違った情報を提供すれば、信用は失われてしまうことでしょう）。

　営業の仕事は、コンサルタントに必要な提案力を磨けます。でも、営業の仕事のほうが気軽にお役に立てるメリットもあることを知っておいてください。

Point

コンサルタントのような提案力は必要だが、営業の本分は忘れずに

Question

営業に「人脈」は必要ですか？

Answer

人脈はピンチの時のあなたを助ける

人脈についての考え方としては、2つのタイプの人がいます。

1つは、「電話すればいつでも会える経営者が3000人います」と豪語する人脈コレクタータイプです。人脈こそ仕事の原点と考える肯定派で、交流会に積極的に参加して名刺交換し、人脈の開拓に余念がありません。

一方で現場の仕事に追われて「人脈なんて不要」と否定的な意見を持っている人も少なくありません。どちらが正しいのでしょうか？

精密機器製造メーカーに所属する山口さん（仮名）は「飲みに行くのは半径5メートル以内の同僚ばかり」と言います。社会人になったばかりの頃は、学生時代の友人ともコンタクトがあり、「まったく、うちの先輩は何を考えているのか、よくわからないよ」と不満や悩みをぶちまけていましたが、段々仕事が多忙になり、疎遠になっていきました。こうなると人脈は壊滅的に減少。営業で社外の人とは接点があるのに、新たな友人が増えることもなく職場の人間関係にドップリつかっています。

そんな山口さんは、今、「仕事に対するマンネリ感もあり、危機意識を感じます」と不安を感じ始めています。

ちなみに私は20代から人脈について肯定派でした。その理由はというと、人脈によって仕事の成果が変わる体験を次々にしたからです。

私がリクルートで仕事をしていた1980年代は、まさにリクルート事件の真っ只中。会社自体が世間的にバッシングされており、「リクルートの社員は出入り禁止」と塩を撒かれるような状態でした。この危機的状況で新規開拓を成功させるには、自分で正面からぶつかって「会ってください」では無理でした。それより「会ってやってくれない？」と第三者を介する方法を活用することにしたのです。

たとえば、中堅規模の商社に対してアポイントを取る時に、商社の経営陣が信頼する人脈を探し、つないでいただいたことがあります。すると何の問題もなく面会ができて、驚くほど簡単に仕事につながりました。こうして、**人を介して適切な人脈＝キーマンに会うことで、厳しい環境にもめげずに好業績を上げることができた**

のです。人脈によって仕事を成功させる体験をして、その重要性を体感できました。

このように、営業職にとって人脈はとても重要です。でも、人脈＝売上につながるという意味だけではありません。本当に大切なのは、あなたの見識を広げる武器になるということです。

職場環境は日々刻々と変化しています。後輩社員ができたり、上司が変わったり、あるいは別の会社と一緒になったり、さらに大事件に巻き込まれて大騒動になったり、と様々なことがあります。

そんな環境の変化の中で、「人事異動で新しい仕事を任された」「いきなり上司が外国人になった」などと困難に遭遇した時に、自分だけで悩むより、誰かに相談できるとありがたいものです。そんな時の相談相手として頼りになるのが、社外の人脈です。社内にだって頼りになる人はいるかもしれませんが、社外の人にアドバイスをもらうと、視点が新鮮で「なるほど」と素直に納得できるものです。時には「頑張っているじゃない！」と褒められたりして、うれしくなることもあるでしょう。

では、どんな人脈が必要かというと、これは職場の忙しさやミッションで変わってきますので、世代とともに人脈の地図が塗り替わります。

たとえば、20代の営業と40代の営業であれば経験も職場で期待される役割も違ってきます。そのため社外の人脈に求めることも変化して当たり前です。

・20代では、「社外の人間関係をより多くつくることで、多方面からいろいろな考えを聞くことができ、考え方にも広がりが出てくる」

・40代になると、「お互い専門分野を活かして、できる範囲で協力していける」

こうした変化があります。特に年代が上がるほど人脈は仕事に活かせるようになりますので、仕事のレベルが上がることで人脈の価値を痛感するようになります。

反対に、**20代の営業であれば人脈より自分の力で仕事をつくって、それを人脈にしていくべきでしょう。**

このように、**必要な人脈というのは、年齢とともに変化しますので、無理をして人脈を維持しようとする必要はありません。**中にはきめ細かく過去の人脈とコンタクトを取る人もいますが、そのメンテナンスの手間を考えれば、自然体でいったほうがよいでしょう。人脈はお互いの利害関係がなくなれば、「切れた」としても仕方がないものです。ここが友人との違いです。

人脈は、仕事上で様々な恩恵を与えてくれる可能性があります。たとえば、普段会えない人とのつながり、新たな気づき、情報収集など様々なメリットをもたらしてくれます。ただし、人脈を構築することに夢中になり過ぎると、仕事自体に支障をきたすことも確かです。

たとえば、もし重要な社内の会議をキャンセルして、人脈を広げるべく異業種交流会を優先したら「同僚から総スカン」をくらうこと必至です。人脈は中長期的に仕事に役立つ財産です。職場での置かれた立場や優先順位の高い仕事とのバランスを考えながら取り組むことができれば、有意義なものになるでしょう。

Point

人脈は、直接仕事に役立たなくても、多くの視点を持てるようになる

PART-5

一歩抜き出る人の「会社」との付き合い方

上司や同僚を上手に味方につける

Question

正直、「上司の同行」は苦手です

Answer

上司の営業同行を有効に使おう

会社の上司に営業の同行をしてもらったことはありますか？　営業の同行とは、上司や先輩に、自分の担当する取引先についていてきてもらうことです。

しかし、上司の同行はうれしいもの、とばかりは言えません。

「いつもなら移動中に電車で新聞を読んだり、寝たりと気ままにできるけれど、上司が一緒だと落ち着かない」が本音かもしれませんね。

でも、私は可能な限り上司に同行してもらうことは大事だと思っています。ずっと1人だと甘えも出ますし、仕事の成長も止まってしまいます。「ちょっと面倒」と思うかもしれませんが、自分の意思で上司の営業の同行を仕事に活用しましょう。

上司に営業の同行を依頼する目的としては、次の４つがあります。

①クレーム処理　⬇上司がついてきたことで誠意を見せる

②お客様が発注に迷っている時　⬇２人がかりで積極的に働きかけ、クロージングする

③お客様から本音が聞き出せない時　⬇巧みな質問で情報収集をする

④キーマンを登場させたい時　⬇上席の登場で機会を生み出す

こうした目的に合わせて、上司に役割を演じていただく必要があります。ある意味で上司はツールなのです。

時には、上司に悪役を演じてもらう場合もあります。たとえば、私が営業時代に大変気難しいお客様に対して提案を仕掛けた時のことです。

その取引先には、こちらが何度働きかけても、「わかったから。後は、こっちで考える」と言われ、本音が聞き出せない状況でした。一方でライバル会社も虎視眈々と、取引を狙っています。でも、私がしつこくクロージングをして、「もう、来ないでくれ」と出入り禁止になるのは一番避けたいことです。そこで、上司と策を巡らせて、次のように役割分担を決めました。

・私はお客様に従順なスタンスを示す
・上司にはしつこいタイプを演じてもらう
「上司がどうしても挨拶に連れて行けとうるさいので、伺ってもいいですか？」と相手に相談を持ちかけて、2人で訪問することにしました。

商談の場面で上司は、「もう、やりましょう。いいじゃないですか？　何で決めてくれないのですか？」とねちっこいくらいに結論を迫ります。そして私は、「もう、やめてください。すいません。無茶なお願いばかりして」と上司をたしなめる役目を演じます。もし、相手が上司に対して嫌悪感を抱いても、担当の私がフォローしていれば関係はつなげるはず……との意図で仕掛けた営業です。

結果は成功でした。

「わかった、そこまで言うならやります」

と、いい返事をいただくことができました。後日、「あんな無茶な上司がいたら大変だね。もう、あの上司は連れてこなくていいから。それなら仕事はお願いするよ」と言われ、上司は出入り禁止になりましたが、それは予想の範囲です。普段は温和な上司からは「あんなに嫌味な上司の役をやるのは年に1回に限らせてくれ」と笑いながら言われました。

このように、上司とお互いに役割分担して面白い営業を仕掛けることもできるのです。

先ほどの例は少し高度な営業かもしれません。そこで、まずは、**「営業スタイルの問題点を指摘いただく」という目的で、上司に営業の同行をしてもらいましょう。**

ただし、前提として理解して欲しいことがあります。上司が営業の同行をしても商談の場面での主役はあくまで自分自身、ということです。くれぐれも、「今日の商談は課長にすべてお任せします」なんて丸投げしてはいけません。まずは、商談に入る前に「私のほうで話していきますので、後で気になる点があったらご指摘ください」と上司にお願いしておいてください。

そして、商談が終わった後に、次のような形で、営業としての行動で気になる点を厳しく指導いただくのです。

・話しぶりに不適切なところがないか？（早過ぎる、声が小さい）
・立ち居振る舞いに失礼がないか？（姿勢、敬語、挨拶）
・段取りに間違いがないか？（次の展開、説明内容など）

もちろん、商談中に行き詰まった状態になれば上司に助け舟を出してもらいましょう。

営業の同行は貴重な行動チェックの機会でもあります。私も、「君は『いわゆる』という言葉を使い過ぎる。それと話すスピードがやや速い。姿勢も前のめり過ぎる。お客様が引いていたのに気づかないのかい？」などと指導いただいて、修正すべき点がいくつも見つかりました。

このように、営業同行はメリットのあるものですから、上司から指摘される前に、「来週に訪問するD社に営業同行をお願いしたいのですが、よろしいでしょうか？」と自分からお願いしましょう。有意義な気づきがたくさんあるはずです。

Point

自分を成長させるにも、難局を打開するにも、営業同行は役立つ

Question

「オレが若い頃は、1日100件こなしたよ」と言う上司にがっくりします

Answer

大事なのは、訪問数より課題解決力

最近は人間関係だけで注文が取れる時代ではなくなったと言われます。特に法人向けの営業ではコンプライアンス（法令順守）が厳しくなりました。営業とお客様との関係が仕事以上になることを避けるために、次のような御触れが出ている会社も少なくありません。

・外部業者（営業のこと）とプライベートで会わないこと

・業務上の打ち合わせ以外の営業との無駄な面会は慎むべし

購買担当者と営業との癒着が生じないようにと、人事異動を小まめにかけている職場も見受けます。こうした動きを止めることはできないでしょう。

さらに、近年、お客様は、自分で比較検討できるものは営業に頼らないようになりました。商品情報だけならネットで誰でも入手できるようになったか

らです。そこで、価格だけの比較で決められる商品・サービスでは、営業が不要になりました。

一例を挙げると、事務用品のアスクルがそうです。従来は営業担当者を通していただいていた注文を、ネット注文にすることで、スピーディーに商品を販売することができるようになりました。その後は事務用品以外にも、簡易印刷、工場の部品など、営業が不要な領域はドンドン増えています。

こうした状況を踏まえて、「営業にできることの幅は狭まり、営業の仕事はつまらないものになっていくはず」と悲観する人もいます。いくら人間関係を構築しても意味がない、合理的な判断だけで注文が決まるなら営業の介在価値がない……と感じるからなのでしょうか。

でも、それは大きな間違いだと思います。求人サイトを見てください。営業職の募集がたくさん掲載されているではないですか？

ただ、よくよく見ると**営業職で求められる仕事は段々と変化してきています。**これまでは、ルート営業や新規開拓営業などが多かったのですが、最近は、次のような言葉をよく見かけるようになりました。

・企画営業
・ソリューション営業

つまり、単調な営業職は駆逐されて、求められる役割が高度化しているのです。

具体的には、営業職に次のようなことを求める求人が急増しています。

・お客様に対する提案力
・課題を把握する発見力

気合だけでなく頭を使って考えるスタイルの営業が必要なのです。

これは、私が営業職になった当時とは大きな変化です。当時なら、「まずは数をこなさないと成果は出ない。1日の訪問数を徹底的に増やしなさい」と下手な鉄砲も数撃てば当たる……と教わったものです。あるいはルートセールスと呼ばれる決まった取引先を回る営業であれば、「フラリと得意先に顔を出して野球や天気の話でもしていたら、仕事はもらえる」などと、同じく訪問数ばかりマネジメントされていました。ところが、最近はそれだけでは売れない時代になったのです。

現在、営業は、次のことが求められています。

・お客様が必要性に気づける提案をする（「そんな使い方があったのだ！」）
・迷った時には相談できる（「どうすればいいのか困った」）

・課題そのものを解決できる（「困った時に相談ができる」）

ブレーンの項目（119ページ）でも説明しましたが、単なる営業職から企画営業とかソリューション営業という肩書きで仕事ができる人材が求められているのです。

でも、これはうれしい話ではありませんか？　営業として求められるレベルが高まっているのです。つまり、売る仕事というよりも、次のことが期待されるのです。

・コンサルティング的な仕事

・マーケティング的な仕事

ですから、「俺が若い時には、飛び込み営業を1日に100件以上もこなしたのだよね」と武勇伝を語る、オールドタイプの先輩営業のスタイルなんて参考にしなくて構いません。みなさんが期待される営業スキルをしっかりと身につけて、期待される役割を全うしてください。時代は刻々と変わっているのですから。

Point

オールドタイプの営業を気にせず、今必要な、提案力や課題発見力を身につけよう

Question

周りに目指したくなるような格好いい先輩がいません

Answer

部分的によいところを真似しながら、バーチャル先輩をつくろう

会社で仕事をしていると「格好いいな。あの人のように仕事をしたいな」と思える憧れの存在に出会うことがあります。いわゆる、ロールモデルです。

ロールモデルとは、具体的な行動やスキルを模倣・学習したいと思える対象のことです。「○○さんのようになりたい」という憧れを持った経験はないでしょうか。大抵のビジネスパーソンは無意識のうちにロールモデルを選び、その影響を受けています。やはり、憧れの先輩がいたほうがモチベーションも上がります。

しかし、職場で格好いい、ロールモデルになる先輩を見出せないと悩む営業は少なくありません。でも、そんなものです。プロ野球で言えばイチロー選手のような、攻走守がすべて完璧なプレイヤーと一緒のチームになるのは劇的な偶然でしょう。

だったら、「打撃ならドラゴンズのA選手。守備なら

マリーンズのB選手。走るのはタイガースのC選手」などと個々のパーツを組み合わせて、格好いい、理想の先輩をつくってしまえばいいのです。

部分的にも格好いいと思える先輩がいなければ、「時間にルーズで、気配りのできない、うちの先輩と反対の行動をすれば、いい営業になれるはず」とダメな先輩を反面教師にして、格好いいバーチャル先輩を想像してみましょう。

その時に大事なことは、先輩の「望ましくない行動」を思い出して、それを「望ましい行動」に変換してみることです。

たとえば、このような感じです。

・平凡な提案しかできない➡驚くような提案ができる
・言われたことだけやる➡先回りした行動ができる
・約束をよく忘れる➡約束は絶対に忘れない

こうして、あなたにとって格好いい先

バーチャル先輩
A先輩の提案力、
B先輩のトークを
見習おう

輩＝ロールモデルをつくり上げてください。

大事なことは、ロールモデルとなる人がいるにせよ、いないにせよ、**その格好いい先輩の行動を素直に真似るということです。**できれば、「私は先輩のように明日から、先回りした行動を徹底します」と具体的に宣言してしまうと、いいかもしれません。

こうして格好いい先輩（バーチャルかもしれませんが）の真似を繰り返すと、成果に変化が出てきます。周囲があなたを見る目も変わることでしょう。こうして、自らの行動を変えることで、営業として大きな成長が得られるはずです。勇気をもって試してみてください。

Point

目指したい人がいなければ、部分的によいところを組み合わせてモデルとしたり、反面教師として自分を磨こう

Question

上司に目標達成のことばかり言われて、心が折れそうです

Answer

目先の数字ばかり求める上司は無視していい。数字よりも「KPI」を意識しよう

会社によって、予算、ノルマ、チャレンジ目標と言い方は変わるかもしれませんが、営業にとって売上目標は避けられない指標です。

では、売上目標はどのように決まるのでしょうか？

そもそも全営業の売上目標を合計すると「会社の売上目標」とイコールになるはずですよね。ところが、これが合計しても合わない会社が大半です。つまり、会社は全営業が売上目標を達成するとは思っていないのです。そこで、「全体の6割が達成したら全社の売上が達成するくらい」で目標設定している会社がほとんどです。

ただ、そうして振り分けられた売上目標は、大抵の場合、「達成は簡単ではない大変な目標」となるので、「売上目標を達成しなくては」と日々プレッ

シャーを感じることになります。

確かに営業としては、それなりに売上を上げなければ後ろめたさを感じるでしょう。ただし、ここでプレッシャーにつぶされてはいけません。**つぶれるくらいなら、「営業の売上目標なんて自分が達成しなくても会社はつぶれない」と気軽に考えたほうがいいと思います。**しょせんは会社が勝手に決めた数字。これに追い詰められてしまうのはもったいないことです。

さらに言えば、与えられた売上目標は一定の期間を過ぎればリセットされてしまいます。永遠に続くものではありません。目先の数字を意識するよりも、**売上を達成するために大事な行動を定めて、それだけにこだわる**べきです。

そのためにどうするか。いわゆる**KPIを定めて、行動するのです。**

KPIとは、Key Performance Indicator の略で、目標を達成するため、行動やプロセスが順調に進んでいるかどうかを点検する指標のことです。たとえば、提案数とか訪問数とか、新規リストアップ数など、取り扱う商品やサービスの特徴に合わせて設定します。ちょっと例を挙げながら説明しますね。

通常、営業は「売上・利益目標を持って頑張る」ものですが、その売上・利益を上げるためには、営業のプロセスで大事な行動があります。たとえば、１か月の売上目標が５００万円だとしましょう。それを達成するための行動を振り返ると、次のような先行指標が必ずあるはずです。

・見積もりを15件は提出する必要がある
・サンプル商品を50社に発送する必要がある
・新規訪問を30社は行なう必要がある

それを見つけて行動目標＝ＫＰＩにするのです。

これがあると、上司から、「今月はいくら売れるの？　えっ、１００万円しか売れない。何をやっているのだ！」と言われた時に、「５００万円売るためには30社の新規訪問が必要です。すでに20社の新規訪問は済ませています」「そうか、それがクリアできているのなら、来月は期待が持てそうだ。頼むぞ」となるかもしれません。

できれば営業部全体でＫＰＩを設定したほうがよいのですが、営業１人の力でそこまでの改革は難しいかもしれません。そこで、**個人の業績を管理するために活用してみてください**。ＫＰＩを定めたら「今月は20件訪問することにしていたのに、どうしてできなかったのだろうか？　解決方法を考えてみよう」と行動を検証して対策を講じます。これを繰り返していれば、結果はおのずとついてくるはずです。

それでも結果が出なければ、次のどちらかです。

・ＫＰＩの指標が間違っている
・そもそも売上目標が高過ぎる

自分の成長を考えるのであれば、目先の売上の数字が上がった、上がらないで一喜一憂するのは意味がないくらいに思ったほうがいいでしょう。


ただ、残念ながら目先の数字をとやかく言うダメな上司がいます。

「今月の売上はどうなるのか？　どうして足りないのだ。困るよ、部長に報告できない。何とか売上をつくってくれ」

このような近視眼的なことしか考えられない人は実際にいるのです。しかも、営業時代には大らかだった人が、部課長になると、経営からのプレッシャーで人格まで変わってしまう場合があります。「兄貴のように頼りがいのある先輩だったのに、上司になったら変わったよね」なんて言われるようなパターンです。担当者なら自分が頑張ればいいだけですが、管理職になって何をしたらいいのかわからないため、

「何とか売上を頼む」と言い出してしまうのかもしれません。

こうした近視眼的な上司が直属だったとしたら、どうでしょうか？　答えは簡単です。**そんな上司のプレッシャーなど気にするな。無茶な要求など無視すべし。**

もちろん、表面上は適当に「頑張ります」とでも言って、努力をするふりだけはしておきましょう。間違っても「そんな無茶な要求はしないでください。間違っていると思います」などと言わないように。そんな対決姿勢は時間の無駄。上司なんていつかは変わるものです。自分なりのやるべきことがわかっているなら、自分を信じて行動しましょう。

Point

目標数値より、「達成のために必要な行動がとれたか」に注目しよう

Question

先輩がうるさくて、面倒です

Answer

うるさい先輩は「勉強になります」とかわす

「この会社のルールを教えてあげよう」というお局的な先輩。「俺の話を聞かないと、まずいことになるぞ」と威張り散らす先輩。決して、悪意はないのでしょうが、「うざい」と感じる先輩っていますよね。

そんな時、私なら、**「勉強になります」とだけ返しておきます**。先輩は悪意を持ってアドバイスをしてくるわけではありません。自分の存在をアピールしたいとか下心があるかもしれませんが、喧嘩して敵に回すことはありません。

私もこうした困った先輩に遭遇したことがあります。同じ部署で2つ先輩だった池田さん（仮名）は、営業で外回りから帰ってくると、「慣れない外回りで大変でしょ。ひと休みしよう」と、妙にやさしい声をかけてきます。そして、近くの喫茶店で「俺が教えてあげるから何でも聞きなさい」と言い出し、「同じ部署の野村君（仮名）も俺がいろいろ指導して育てたんだよ」と自慢げに語ります。後日、野村さんに「池田さんからいろいろ教えてもらったのですか？」と聞いたところ「何もされてないよ」と返ってきました……。つまり、余計なお世話をしているだけなのです。ただ、池田さんから、気になる話が出てきました。

「君と同期で武山君（仮名）っているよね。あいつは生意気で好かんよ。こっちがアドバイスしてやろうと言ったら、『結構です』と言ってきやがった」

どうやら、同期の武山君は池田さんを無視したようです。こうした態度をとると意地悪される可能性も。武山君は損する行動に出てしまったようです。

では、私はどうしたか？　やはり、「勉強になります」とだけ繰り返しました。決して、池田さんのアドバイスは参考になりませんでしたが、敵に回すことはなかったので、失ったのは《池田さんにお付き合いしたお茶の時間、累計5時間》だけ。それくらいは我慢も必要かもしれません。

Point

おせっかいで面倒な先輩は、「勉強になります」と答えてやり過ごす

Question

上司や先輩の昔話が多くて、正直うんざり……

Answer

「昔話上司」の話は、話半分で聞け

どんな会社でも、営業部門にはいくつもの武勇伝が残っています。しかも、時代を遡《さかのぼ》れば神話のような「ありえない奇跡」がまことしやかに語り継がれていたりするから怖いですね。ちなみに私は日本史好きです。大和朝廷ができた頃には「300年生きた語り部」とか「不老不死の薬」とか、誇張された事実がたくさん登場しますが、やはり、時代を経ると面白おかしく変化してしまうのでしょうか？

ちなみに私が入社した職場でも、先輩から聞く神話によく驚かされました。「俺が若い時に先輩から聞かされた話なんだけど……」と大昔の大先輩が行なった偉業について……

・1日で200社の経営者と名刺交換し、1億円の新規の売上をつくったE先輩
・世界企業S社が誇る商品の命名をしたので終身名誉顧

問に任命されたO先輩

・日本を代表するM社の経営指導をしていたのでM社の経営者とは大親友なG先輩などなど、遠い目をして語ってくれたことを覚えています。まったくの嘘ではないのでしょうが、「相当な誇張が入っているのだろうな」と聞いていました。

そんな時、「ところで先輩達はどうでしたか？」と質問すると、それはそれで武勇伝を語り始めます。ただ、神話の世界に比べればかなり現実に即した内容です。

「お客様のためを考えて提案書をつくるのに3日徹夜した」

「いい提案をしてくれたと感動で泣き続けたお客様がいた」

と「ある」ような、でもやっぱり誇張されているな……と思える武勇伝を話してくれました。でも、そんなものかもしれません。

誰でも自分の成功体験は大きく見せたいもの。**話半分だと思いつつ「すごいですね」と聞き流す懐《ふところ》の深さを見せましょう。**

Point

上司や先輩の武勇伝は「すごいですね」と聞いておこう

PART-6

自分の将来をどうつくるか

営業の経験は、必ず君を助ける

Question

営業は専門性が低いから、他の仕事につきにくいのではないでしょうか？

Answer

営業は、次に生きる道がたくさんある

「営業の仕事は専門性が低いから働きがいを感じない」

広告代理店で5年以上も営業をしている山崎さん（仮名）はこう断言します。曰く、仕事を通じて学べるスキルの専門性が低くて、転職したくても市場価値が低い。あえて言うなら、同業の営業職への転職くらいしかできない。そんな仕事には働きがいを見出せないと言うのです。

さて、この意見を聞いて、どのように感じますか？

さらに山崎さんは続けました。

「営業部門に異動する前は商品企画にいましたが、その時には業界関係者との接点も深くて人脈も広がり、仕事に働きがいを感じていました」

どうやら、山崎さんは商品企画の仕事に戻りたいようです。

確かに商品企画とか宣伝部とか、会社に対する影響力が大きく見える仕事は魅力的に感じるかもしれません。そうした職場で活躍することに適した人材もいます。ただ、考えていただきたいのは、**「総合職のビジネスパーソンは職場で仕事を選べない」**ことです。仮に商品企画としてどうしても長く仕事をしたいなら、次の2つしかありません。

・専門職になる（そのような職種が専門となっている会社は稀ですが）
・独立してマーケティング会社を立ち上げる

大抵の会社では人事異動がつきものです。縁あって配属された職場での仕事も、長くて5年くらいではないでしょうか？ **その期間に精一杯仕事をし、得たスキル、経験、人脈を自分の財産として「次の職場」で活かすこと。それがビジネスパーソンとしての処世術=生きる道だと思います。**よって、営業職になった縁をいかに活かすか？ それができれば次のキャリアはおのずと広がることでしょう。

ちなみに私も、当初から話しているように、入社時に営業職は希望していませんでした。あくまで、第一希望は海外旅行部門の編集部。それが希望叶わず、営業部門への配属。しかも、文系出身の私には畑違いの情報通信分野での営業。それが、

10年後に営業マンから営業マネジャー、営業部長を経て「編集長」として当初の希望が実現しました。

これが、当初から海外旅行の編集部に配属されていたらどうなっていたでしょうか？　結局、海外旅行事業は数年後には不採算部門として撤退し、編集部のスタッフは畑違いの営業等に異動になりました。

一方、編集長になった私は、編集業務に関する知識やスキルは備えていませんでしたが、次のような営業経験があったからこそ仕事ができました。

- **クライアントを発掘することで広告売上の向上**
- **交渉力を活かして紙・印刷等の原価を大幅にダウン**
- **営業部長としての人脈を活かした取材先の確保**

結果、担当した雑誌を売上40億・利益7億の大幅な収益のビジネスに転換することができたのです。

編集としての仕事を若い頃にすることはできませんでしたが、逆にスケールの大きな役割を担えたのは営業として活躍した経験があったからだと確信しています。

このように前職では、営業以外の仕事で活躍したい……と希望する同僚が営業職で活躍し、その後、元々希望していた仕事（本社の商品企画や管理部門）についたという話にたくさん遭遇しました。

その理由は、**「営業職として活躍できる能力がないと、キャリアで行き詰まる可能性が高い」**と考えられていたからです。仮に当初から編集部門についたとして、若手社員のうちは自分が与えられた仕事をこなすだけで十分かもしれませんが、部下を抱えるリーダー、管理職となれば、次の2つが当たり前のこととして求められるようになります。

・売上に貢献する意識

・価格交渉の責任者としての役割

「編集部の利益目標を達成するため、経費の値下げ交渉をする」

「売上目標が足りなければ編集長が自ら営業して広告を取ってくる」

これくらいのことは当然で、これができなければ編集長は失格です。つまり、編集部に当初から配属されたとしても、キャリアを積めば営業的な仕事は必要となるのです。そう考えれば**最初に営業を経験してよかったと痛感します。**

これは私だけのことではありません。

・人事部では人材採用で応募者を口説くため

営業の仕事は将来役立つ！

- □ 経費の値下げ交渉をする
- □ イザとなったら、自分で売上を立てる
- □ 人材採用で応募者を口説く
- □ 稟議書に上司の承認をもらう
- □ マスコミにPRでの協力をもらう
- □ やりたい仕事をGetする

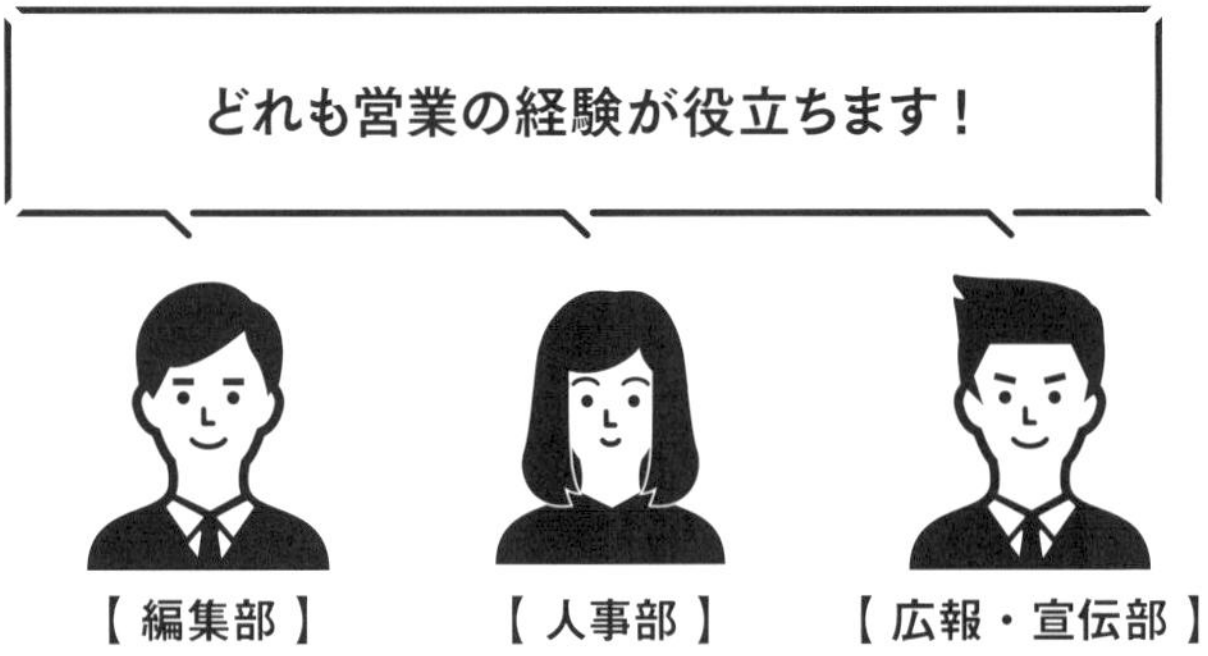

・管理部も稟議書に上司の承認をいただくため
・広報部もマスコミにPRでの協力をいただくため
どの部署にいても、営業のスキルが必要なのです。

このように、営業職での経験を活かして別のキャリアを見出す、というキャリアの流れは、多くの企業で普通に行なわれる人事施策です。

「営業として活躍すれば、別のキャリアも見えてくる」のです。

Point

営業はチャンスの広がる職場。

将来の活躍の土台をつくろう

Question

営業は専門的な知識が身につかず、将来不安です

Answer

お客様を知ろうとすることで、専門知識は増える

営業の仕事を極めようとした時、「お客様を知ろう」とする努力を重ねると、知らず知らずに幅広い知識が身についていきます。

たとえば、私が入社2年目で東京の文京区というエリアを担当した時のことです。地域をグルグル回って新規のお客様を獲得するのがミッションでしたが、何も考えないで回るのはつまらないと思い、その地域にある会社の特徴を勉強したところ、医療機器メーカーが多い（順天堂医院などの大病院があるから）という実態が見えてきました。

そこで訪問の際には、「医療機器関連を専門に担当しております。業界動向で面白い情報が入手できたので、持参いたしました。5分だけお時間をいただけないでしょうか？」と訪問前に医療機器関連の会社で自社のサービスを導入いただいた事例集などを作成して持参し、それを説明するための営業トークを準備しました。すると、

5分のはずが、30分、1時間と話が延びて、注文をいただけた上に、業界の話をいろいろ教えていただくことができたのです。

これを繰り返しているうちに、医療業界に関する知識は当然のように蓄積されていきます。こうして気がつくと、自然と次のような会話までするようになったのです。

「部長。もっと予防医療について考えていく時代ではないでしょうか？」

このように、お客様と医療業界について熱く語れるまでになっていきました。学生時代はもちろん、社会人になっても医療のことは畑違いでしたが、営業した担当地域が縁で医療業界に関する知識はかなり深まりました。

その後も担当地域が変わるたびに金融・製薬・食品など業界の勉強をして、お客様とその業界について語り合う機会を数多く得たので、今では相当数の業界について熱く語れるようになりました。こうした経験と知識は営業として仕事をしてきた賜物だと感じています。

「この地域の担当になりましたので、ご挨拶させてください」と、ただただ訪問してもいいのですが、担当地区に多い業界の特徴などを勉強していくと、だんだんと専門的な知識も貯えられていくのです。

・担当するお客様の業界について

・担当するお客様の部署に関して

このように、営業の仕事は自分が扱う商品・サービスを超え、「仕事上での信頼関係を深める」という口実で勉強することで、知識を深めることができます。

もちろん、そこまで深めなくても営業として成果は出るかもしれません。でも、自分に残るものは恐らく違うはずです。

このように仕事を通じて得た機会を活かす気持ちさえあれば、幅広い専門性を見出せる可能性はたくさんあります。

Point

あなたの仕事の仕方で専門性は深められる

Question

営業の経験で何が一番役立つと思いますか?

Answer

営業で「食うに困らない術」を学ぶ

これからの時代、同じ会社に定年まで勤務し続けることは期待できません。「大手企業の合併やリストラ」「有名企業が外資系企業の傘下に入る」など、それを痛感するニュースは新聞の経済欄に毎日のように登場しています。

また、これまではセカンドキャリアを支援する会社は景気の悪い時期だけ活躍していましたが、最近は常に需要がありますし、黒字で史上最高益をたたき出した企業でもリストラを行なうようになっています。なぜ、黒字なのにリストラが必要なのか。「短期的に収益が出ても、グローバルで戦って勝ち続けるためには一層の筋肉質な組織への転換が必要だから」です。

筋肉質とは、余計な脂肪を取り除く必要があるという意味です。脂肪は、経費や原価の削減に加えて、余剰人員の整理です。これまでなら景気が右肩上がりになった時に人手不足で困らないよう、企業は余裕をもって人材採用をしてきましたが、そうした余裕がなくなってきたのです。

「これまではリストラと言えば高齢者と考えられてきましたが、これからは若手でも厳しく行なっていきます」と語るのは大手メーカーの人事部の方です。ただし、会社は簡単に社員をやめさせることはできません。なので、つぶれないうちは大丈夫と決めつけている人も多いですが、次のような形で、会社は厳しい人事異動を仕掛けてくるかもしれません。

・子会社への出向
・想定外の地方転勤
・経験のない職種への異動

会社から「やめて欲しい」と思われたら、本当にやめるところまでいかなくても、ツラい毎日を過ごすことになるのは間違いありません。

そんなツラい毎日に遭遇しないために、どうしたらいいのでしょうか?

それは会社に「稼げる社員」だと思わせることです。会社は、言われたことだけこなす社員なら、やめてもらい、次から次へと若手社員を採用したほうがいいと考

えています。そうならないため、**自分の仕事は自分で見つけることができる**ように
なっておきましょう。そのために営業の職場で学べることはたくさんあります。

一番大切なことは「売り込む力」です。ちなみに、それを教えてくれたのは入社して間もない頃に同じ職場にいた先輩です。彼は、とにかく怖い人で、前職は銀座でクラブを経営していたが、つぶれてしまい転職した、と語っていました（恐らく、嘘だと思いますが）。ただ、そんな水商売を経験した迫力を感じる、大柄でドスの利いた声で、**「黙って待っていても、おいしい仕事はやってこないぞ」**と教えてくれました。**自らアピールしてチャンスを獲得する勇気を持たないと一生後悔する。だから、待つことを覚えてはいけない**……と仕事に対する積極性を教えてくれたのです。

時代は草食系が中心になりつつあります。でも、仕事ではリアルな関係しか価値を生み出しません。果敢なる「売り込む力」がなければ、どうなってしまうのか……

- **やりたいと手を挙げた人に仕事は奪われる**
- **仕事からあぶれる**

・気がつくと社内失業、やがて会社をやめることになる

このようなことを何回も言われました。若手時代は夢や希望にあふれていますから、「そんな物騒なことは言わないで欲しい」と感じたものですが、振り返ってみれば、彼は若いうちにそのことを知って欲しかったのでしょう。

人間というのは、習慣と惰性に流されやすい生き物です。営業にせよ、他の職種にせよ、働いていくうちに「言われたことをきちんとやるのが仕事だ」と受け身の姿勢で考えるようになりがちです。しかし、それでオーケーなのは新入社員の頃だけです。仕事を1、2年も経験すれば、自分で判断し、創意工夫することを求められる機会が増えていきます。自分の判断と工夫で進めて、いい結果が出ると、大きな自信と達成感につながります。そうやっていい仕事をすると、さらにいい仕事がやってくるようになります。

私がリクルートで働いていた頃に学んだ言葉の1つに、**「仕事の報酬は仕事」**というものがあります。

会社でいい仕事をすると、給料が上がる前に、もっと難しい仕事、もっと期待値

の高い仕事がやってくるようになる。そういうハイレベルの仕事がやってきたら、それに対して、また自分で判断し、創意工夫する。それを繰り返すうちに、給料が上がったり、ポストが上がったりすることを楽しめ、ということなのでしょう。完璧に納得はできませんでしたが、自分を支える言葉になった気がします。**仕事に対する貪欲さこそ成長の源であり、それを失った人は会社で輝きを失っていった記憶があります。**

さて、今の時代、どんな分野のどんな会社でも、ただじっと待っているだけでは、いい仕事は絶対にやってきません。もし、みなさんが「会社で真面目にコツコツと与えられた仕事をこなしていれば、誰かがいい仕事を持ってきてくれる」と思っているとしたら、それは大間違いです。与えられた仕事だけをやって右肩上がりで一直線に進める時代は、とっくに終わりました。

「自分から売り込むなど品がない。控え目さこそ美徳である」と言う方もいます。体育会系で上下関係を大事にし、先輩を差し置いて出しゃばるのはまずいと考えているのかもしれません。でも、それは大きな勘違いで、お互いがプロとしてフラット（対等）に勝負すればいいはずです。プロスポーツの世界だって年代に関係なくレギュラー争いをします。サッカーのカズ（三浦知良選手）に20代前半の選手が「先輩なので先発どうぞ」と譲ることはありません。

職場の仕事でも同じです。

・プロジェクトの責任者は誰がやるか？
・大事な取引先の担当を誰に任せるか？
・次のマネジャーに誰を抜擢するか？

そんな「おいしい」チャンスに黙って座っていたら、どうなるか。自分がやりたいと思う仕事は、ほかの誰かに回っていってしまうだけです。

自分で自分のポジションを確保し、いい仕事ややりたい仕事を勝ち取っていかなければいけない時代です。それを実現するために不可欠の武器が、**「自分で自分を売り込む営業力」**なのです。「売り込む力」は営業だけでなく、別の職種でも活用できるスキルです。

Point

「売り込む力」は、シビアなビジネス環境の中で生き残るために必須

Question

出世や独立した時に、「営業」のキャリアは役立ちますか？

Answer

経営者を目指すなら営業は重要なキャリア

私は2005年にリクルートを退職（前職では、卒業したと言います）し、現在3人の仲間と一緒に会社を経営していますが、「営業職に長くついていてよかった」と痛感しています。**会社経営のイロハについて教えてくれた先輩経営者との出会いがあった**からです。サラリーマンの時にはわからない細々とした苦労から人材採用・資金調達・販路拡大まで会社経営には苦労が山積みです。その苦労話を前もって聞いていたことで、何回も救われたものです。

「この苦労は自分だけでなく、経営者なら誰もが通る道なのだ」と思って、創業期を乗り越えられた気がします。

『大事なことはみんなリクルートから教わった』（柳杞一郎・藤田久美子著　SBクリエイティブ）という本がありますが、私としては、「営業の現場で経営者に遭遇する機会」が頻繁にあったことも、貴重な学ぶ機会になっていたと思います。

経営者と会うと、多くの刺激と学びを得ます。まず、感じるのは、「経営者として背負う責任の重さが生み出すオーラ」とも言える圧倒的な存在感です。

私は1997年に『アントレ』という起業家向けの雑誌を創刊するため、起業・独立して活躍する経営者に1か月で100人以上のインタビューをしたことがあります。取材をすると、想定外の話もたくさん出てきました。記事になったのは掲載できる範囲のあたりさわりのない内容で、その多くは自分だけが知り得る財産となったのですが、そこで教えてもらったことを少しだけ紹介させていただきます。

・自分とタイプが正反対のブレーンが見つかるまで起業してはいけない

「同じタイプの2人で起業しても衝突する可能性が高い。自分にできないことを補ってくれる存在を探すべき。たとえば、営業系の人は管理系のブレーンを探すこと」

・常に最悪のシナリオを想定して対策を準備しておくこと

「起業したらすべての責任は自分が背負うことになる。経営計画は順調にいくことが望ましいが、売上が伸びないなど予想通りにいかないことを前提に対応を考えておくこと。それができないと会社がつぶれてしまう」

・社員はいずれやめる存在と考えて期待を持ち過ぎないことが大事

「経営者は会社から逃げることはできないが、社員は高い期待をし過ぎると逃げていく可能性が高い。期待をするのは構わないが、長く勤めることを前提に考え過ぎてはいけない。やめると言われた時にショックが大きくなるからである」

こうした話を聞いたことが、現在の会社経営に対して大いに参考になっています。この時は取材という名目でしたが、営業であれば、経営者とお会いする機会は少なくないはずです。

現場で営業をしていることを活かして、可能な限り経営者に会う機会をつくりましょう。そして、経営や独立・起業に必要なことなどを質問してみてはどうでしょうか。

ちなみに経営者は結論も早く、現場担当者に会っているだけでは見出せないビジネスチャンスを得ることができます。

また、もし、あなたが「自分の師」と仰げるような経営者と出会う機会があったら、試していただきたいことがあります。**「私が独立して会社を経営したいと言い出したら、どう思いますか？」**と質問してみてください。すると、「君は経営者向きだ」とか、「会社をやめずに今の会社で頑張りなさい」などと、経営者の視点から感じた感想に加えて、次のキャリアについてアドバイスをくれることでしょう。

私も営業時代に、師と仰げる経営者とお会いした時に、この質問をぶつけました。すると大抵の経営者から、「君は独立したほうがいいと思うよ」と言われました。実はこれは意外でした。自分は彼らのように、次のような素質はないと思っていたので、経営者には向いていないと決めつけていたからです。

・わがままだけど憎めない人間力
・激しいくらいの負けず嫌いさ
・お金・名誉に対する執着心の強さ

でも、お客様だった経営者の方々から、「君は経営者に向いている。いつになったらリクルートをやめるのだ」と何回も刷り込まれるうちに「起業」が頭をよぎるようになり、40歳で会社をやめる決意をすることになりました。

まさに、**営業で出会った人々に背中を押されたのです。**

さて、このように営業の仕事には自分のキャリアを広げるヒントが潜んでいます。仕事で出会った人々に興味深く接すると、意外なところで自分の可能性を見出せるかもしれないのです。

Point

師事できる人に会うことで、新たなキャリアが開ける

Question

営業ではなく、マーケティングの仕事に関心があります

Answer

お客様のビジネスに一歩踏み込むと新しい世界が見えてくる

営業の仕事は自社の商品・サービスを売ること。このように何回も書いてきましたが、営業として、売ることに対するプロフェッショナルになれば、時としてお客様に商品の売り方のアドバイスもできます。

営業の仕事を長い間していると、様々なお客様に遭遇します。

・いい商品を開発するが営業力の弱い会社
・営業力はあるが商品力がイマイチの会社
・おいしい料理なのに閑古鳥がなく飲食店

たとえば、私が営業を担当した下町のラーメンチェーン店でのことです。チェーンといっても店は3店舗で、すべての店がいつ行ってもガラガラ。それでも経営が成り立っているのは、親会社を経営する家族の資金援助があったからです。ただ、店のす

べてが悪いわけではなく、しょうゆラーメンはかなり美味しく、素材へのこだわりは大したものなのです。その一方、問題点は挙げたらきりがありません。

・店員の接客ができていない（挨拶も元気がない）

・店に清潔感がない（掃除が徹底していない）

・価格が高い（今時、普通のしょうゆラーメン950円はいかがなものか）

さらに立地が悪い店にもかかわらず、宣伝をしていません。確かに人気店は駅から遠くてもお客様が集まりますが、それはマーケティングをして、価格から味わいまでユーザーの声を勉強した上での話です。「まずくはないけれど、普通。清潔感のない店で平均より高い価格帯」では、お客様が集まるはずもありません。

このお店は独立開業を支援するフランチャイズ制度をつくって雑誌に広告を載せたいとの要望があってお会いしたのですが、「社長。このままの状態でフランチャイズ募集をしても応募する人はいませんよ」と正直に伝えました。

そもそもフランチャイズとは、成功している店のパッケージを、外部にライセンスとして提供する仕組みです。餃子の王将とかカレーハウスCoCo壱番屋など、人気店が行なうもので、このお店がフランチャイズの募集広告を掲載しても効果が出ないのは明らかです。そんな時に、営業としては、次のどちらかになるでしょう。

・効果が出ませんよ、と掲載を諦めさせる
・気にせずに仕事と割り切り注文をいただく
「このままでは店はつぶれる!?」と相談してきた社長の目を見たら、見捨てることもできません。そこで、次のような改善のヒントを提案しました。

「では、私のこれまでの経験からラーメン店で繁盛するセオリーを3つ紹介しますので、社長なりに対策を考えてみてください」
・あっさり、しょうゆ味なら1杯500円以下
・類似店で流行っているのは駅チカ、立ち食い
・店のスタッフの元気がないとリピートしない
　さらに類似店で人気のある店を一緒に回ったり、駅チカで店が出せそうな立地の不動産物件に強い仲介業者を紹介しました。すると、社長には大いに感謝されました。

　そして半年後、もっとうれしいことがありました。その社長から、「店舗の見直しをして売上も大幅に上がりました。これならフランチャイズ募集は可能ですよね？」との連絡があったのです。

　確かに再訪すると店が改装されて、メニューも大きく変わり、店は繁盛していま

した。結果として広告掲載をいただき、フランチャイズ制度にも、それなりの問い合わせをいただける成果につながりました。手間のかかる仕事となりましたが、ある意味で営業冥利に尽きる仕事だったかもしれません。

さて、このように、営業をしているとお客様のビジネスに関して売上拡大のお手伝いをする状況になることがあります。よくあるのは、次のようなものです。

・ビジネスマッチング（取引先の紹介）
・成功企業のケース紹介

営業として「できる範囲」で売上支援をすることはお客様との関係を良好にし、かつ取引拡大につながる可能性が高まります。ちなみにビジネスマッチングなんて聞くと、難しく考えてしまいがちですが、**「取引先同士をつないだら仕事になる可能性がある」と思ったら、組み合わせを考えてお互いを紹介する**、という意識を常に持っていることです。同僚や先輩の取引先にまで広げて組み合わせを考えてみてもいいでしょう。

「費用対効果の高いネット広告のサービスを提供する会社を取引先に紹介したら仕事が決まって感謝された」

「おいしいプリンを製造しているメーカーだったので、自分が担当しているスーパーを紹介したら取引が始まり感謝された」

などと成功例が出てくることでしょう。また、お客様のビジネスを伸ばすために「何か売上に貢献したいと思っています」と誠意を示せば、仮に仕事につながらなくても、「うちの会社を大事に思っているのはうれしいこと。そんな想いを持つ営業と取引をしたい」と思ってもらえれば、仕事にプラスの影響を及ぼすのは間違いありません。

ただし、あなたが営業として仕事を始めたばかりであれば、無理をすることはありません。経験を積んで深く信頼関係のできた取引先を何社も抱える状況になってからで十分です。無理をして、できないマーケティング戦略にまで口を出して成果が出なければ、信頼を失うことになりかねないからです。

ちなみに**一番身近な売上支援は、社内でお客様の商品やサービスの営業をしてあげることです。**たとえば、食品メーカーで新商品の冷凍餃子が開発されたら、「当社で社内販売を行なってみましょうか？　社員が50名くらいいますので、多少は売れると思います」と営業協力する。「購入した餃子に関して食べた感想をアンケート集計してみました。皮がもちもちしておいしかったという意見が一番多かったようです」などと商品について顧客視点で感想をまとめて伝える努力は、お客様にとってうれしいことです。

もちろん、自分たちで協力できる商品に限られますが（精密機械とかだと難しいですよね）、できる場合には取り組んでみてはいかがでしょうか？　きっと、お客様との距離が近づくはずです。

Point

「売る」ことのプロフェッショナルになれば、お客様のマーケティング戦略の相談に乗ることもできる

Question

営業の仕事はどんなことに活かせますか？

Answer

営業には新しいビジネスのヒントがたくさんある

営業の仕事の活かし方として、新規事業のヒントが見つかる、ということもあります。

新規事業というと相当な発想力とビジネスプランがないとできないと思われてしまいますが、世間にはちょっとした発想の転換で大きな収益を導くビジネスチャンスがあふれています。

私も営業時代にそんな出来事に遭遇したことがあります。ちょうど、FAXを使った一斉同報という配信サービスを営業していた時の話です。このサービスは1枚FAXを送れば同時に何か所でも送れるという、当時としては画期的なサービスで、年間売上で50億円以上にまで成長していました。

ただし、このサービスには欠点がありました。宛先の登録に手間がかかり、宛先のデータを3日前に登録センターまでファイルかそれを記入したシートで送らなければばならなかったのです。しかも、宛先の番号に間違いがあったりすると、当日に変更したくてもできません。お客様からも、「すぐに変更できる仕組みはないものでしょうか？」との要望を何回もいただいていました。

しかし、私が営業担当として、ご要望に応える方法をお客様と議論している最中のことです。お客様から、「更新したデータをファイル転送して上書きできませんか？」というアイデアが出てきたので、社内に戻って技術部門と協議したところ、「できますよ。現場からの要望がなかったので封印していただけ」とあっさり実現することになりました。

この機能をお客様に紹介したところ、「これまでの不便さを一気に解消できる」と喜びの声が全国から飛び込み、事業が3倍にまで急激に成長するきっかけとなりました。

それまで事業を伸ばすために職場でいろいろ模索していたので、まさに「灯台下暗し」を痛感する出来事でした。

このように新しいビジネスは、**お客様からのご要望を解決する努力（「もっと安くして」「手軽にして」「便利にして」）**によって突然のように浮かんで立ち上がることがよくあります。

こうしたお客様のご要望に対して「ムリです」「できません」とネガティブな受け止め方をすれば、よいアイデアがあっても、そのまま立ち消えてしまいます。自分で「できない」と諦める前に、可能性を探るようにしましょう。


また、新しいビジネスを見逃さないために想像力を逞《たくま》しく備えたいものです。想像力があれば、人を驚かすことができます。**この驚かせる＝サプライズを提供したい意識が新しいビジネスを見出すきっかけをつくります。**たとえば、115ページで紹介した「社内のコピーが壊れてしまった。業務に支障が出ているので一番早く納品できるものを手配して欲しい」という要望への対応について、サプライズを狙う「新しいビジネス好き」の営業なら、課題を解決する提案をしつつも、次のようにお客様の悩みをきっかけに新しいビジネスを考えられるでしょう。

「コピー機の故障が瞬間で直せるような、クラウド型の機種なんてできないだろうか？　開発部門に試作機をつくってもらえないかな？」

営業の現場で新しいビジネスを考えることができる人材は、貴重です。営業としての活躍はもちろん。将来的には経営幹部として重宝がられる存在になることは間違いありません。なぜならば、これからの経営には、マネジメント型と呼ばれる「決めたことをきっちりやる人」だけではなく、**リーダー型と呼ばれる「自らの発想で新しいことを生み出せる人」が求められているからです。**

将来の自分のキャリアのためにも、営業という仕事を通して、新しいビジネスを考えてお客様をサプライズさせよう……という心意気は、懲りずに持ち続けて欲しいと願います。

Point

お客様の要望には、ヒットする新規事業や新しい企画の芽が眠っている

おわりに

「ＡＩで仕事がなくなる」と叫ばれる中、向こう10～20年で約半分の職業がコンピューターに代替されると言います。そんな中、営業はどうなるのでしょうか？

私は、お客様が商品やサービスを自分で選ぶことができるジャンルの営業はなくなると感じています。たとえばお客様がＷｅｂで条件検索をして、欲しい物を自分で見つける分野です。しかし、「気づいていないことを気づかせる」分野の営業は必要です。たとえばお客様自身、何が必要なのかよくわかっていないとき、「これはいかがでしょうか？」と提案できる、前例がない、これからを予測するタイプです。

ＡＩはビッグデータをもとに方向性を示してくれますが、実際のビジネスの現場において、お客様のあらゆるニーズを汲み取ることは難しいでしょう。そこで、ＡＩが導き出すデータを活かしつつ、目の前のお客様にヒューマンスキルでニーズを聞き出す提案型の営業は、まさにＡＩ時代にぴったりだと感じるのです。

対外的な仕事ゆえ、身に付けられる速度と習熟度が高くなる仕事が営業職と言われます。こうした時代だからこそ、ヒューマンスキルの高さを持つ営業は、貴重な存在となれるはずです。

高城幸司（たかぎ　こうじ）

東京都生まれ。同志社大学卒業後、リクルートに入社。6期トップセールスに輝き、社内で創業以来歴史に残る「伝説のトップセールスマン」と呼ばれる。また、当時の活躍を書いたビジネス書『営業マンは心理学者!』（PHP研究所）は10万部を超えるベストセラーとなった。1996年には日本初の独立・起業の情報誌『アントレ』を立ち上げ、事業部長、編集長を経験。その後、株式会社セレブレインの代表に就任。企業の人事・組織のコンサルティング業務に500社以上関わる。著書は『社内政治の教科書』（ダイヤモンド社）、『無茶振りの技術』（日本経済新聞出版社）など多数。

「自信《じしん》がない」「向《む》いていない」と思《おも》っている人《ひと》ほどうまくいく

「営業《えいぎょう》」は必《かなら》ず君《きみ》の武器《ぶき》になる

2018年9月1日　初版発行

著　者　高城幸司

発行者　吉田啓二

発行所　株式会社日本実業出版社　東京都新宿区市谷本村町3－29 〒162-0845
大阪市北区西天満6－8－1 〒530-0047

編集部　☎03-3268-5651
営業部　☎03-3268-5161　振　替　00170－1－25349
https://www.njg.co.jp/

印刷／厚徳社　製本／共栄社

この本の内容についてのお問合せは、書面かFAX（03－3268－0832）にてお願い致します。
落丁・乱丁本は、送料小社負担にて、お取り替え致します。

ISBN 978-4-534-05619-1　Printed in JAPAN